Ulf Nilsson, *geboren 1948 in Helsingborg; lebt als freier Autor in Schweden. Seine Bücher wurden mehrfach prämiert, u. a. mit der höchsten schwedischen Auszeichnung für Kinderliteratur, der Nils-Holgersson-Plakette, und übersetzt.*

Frantisek Chochola, *geboren 1943 in Kolin (Tschechoslowakei); lebt seit 1970 als freischaffender Bildhauer und Grafiker in Hamburg; illustrierte zahlreiche Kinder- und Jugendbücher.*

Ulf Nilsson

# *Der stärkste Mann von Blekinge*

*Ein Märchen vom Großwerden*

Deutsch von
Birgitta Kicherer

*Mit Bildern von
Frantisek Chochola*

rororo
Rowohlt

*rororo rotfuchs*
*Herausgegeben von Renate Boldt und Gisela Krahl*

*Veröffentlicht im Rowohlt Taschenbuch Verlag GmbH,*
*Reinbek bei Hamburg, April 1991*

*Umschlagillustration Frantisek Chochola*
*rotfuchs-comic Jan P. Schniebel*

*Gesetzt aus der Garamond (Linotronic 500)*
*Gesamtherstellung Clausen & Bosse, Leck*
*Printed in Germany*
*780-ISBN 3 499 20594 7*

# *Erstes Kapitel*

Mein Vater war der stärkste Mann in der ganzen Provinz Blekinge.
Meine Mutter war die schönste Frau, die es je gab.
Als ich geboren wurde, geschah ein Wunder. Ich war ein bemerkenswertes Kind.
Mein Vater war größer als alle anderen und auch anders als die anderen. In seiner Jugend war er mit dem Schiff *Josefina* aus Karlshamn gesegelt. Unter einem Kapitän mit mächtigem rotem Bart hatte er alle sieben Meere befahren. Er sei so stark, daß er ganz allein einen Mast aufrichten könne, hieß es.

Ich erinnere mich, wie ich klein war und wir daheim über die Wiesen gingen. Ich fragte ihn:
«Bist du der stärkste Mann der Welt?»
Ich fragte ihn dreimal, doch er hörte es nicht; er dachte oft an andere Dinge. Dann lachte er.
Am Rande der Wiese war eine Kuh an einer Eisenstange angepflockt. Mein Vater lachte und ging zu der Kuh hin. Er packte sie am Hintern und an einem Horn. So groß war er nämlich, und so lang waren seine Arme.
Er steckte ihr seinen Kopf unter den Bauch. Und dann hob er sie hoch. Ich weiß noch, wie er mit der Kuh auf den Schultern mitten auf der Wiese stand, schwankend und lauthals lachend.
Dann begann er im Kreis herumzulaufen, so weit es die Kette der Kuh zuließ. Seine Schuhe machten tiefe Kerben in die Erde. Die Kuh brüllte voller Angst. Nach ein paar Runden stellte er sie wieder ab, und sie lief so schnell wie möglich in die andere Richtung davon.
Vater zog die dicke Eisenstange, die tief in den Boden gerammt war, mit einer Hand heraus. Die Stange war rostig und so dick wie mein Handgelenk. Vater bog sie übers Knie. Das Eisen knackte und krachte, als er die Stange zu einer Krampe formte und sie erneut tief und fest in den Boden rammte. Wer weiß, ob der Bauer seine Kuh je wieder losbrachte?
Vater lachte und setzte mich auf seine Schultern. Weit hinten am Feldrain sah ich den Bauern, dem die Kuh

gehörte. Am liebsten wäre er wohl hergerannt, um Vater zu schelten, er wagte es aber nicht, sondern duckte sich hinter ein paar Felsblöcken.
«Ich bin der stärkste Mann», sagte mein Vater. «Und du bist ein bemerkenswertes Kind!»
Ich habe meinen Vater die unglaublichsten Sachen machen sehen.
Einmal fing er ein Pferd in wildem Galopp ein. Er packte es am Schwanz und stemmte sich dagegen, und seine Stiefel hinterließen tiefe Furchen im Boden, bis er an einem Stein Halt fand.
Ich weiß noch, wie das Pferd innehielt, als wäre es mitten im Sprung festgefroren. Ganz still stand das Pferd da. Der Puls an seinem Hals klopfte, die Beinmuskeln zitterten, es rollte wild mit den Augen, aber es stand still, es war machtlos. Mein Vater lachte.
Mein Vater war der stärkste Mann von ganz Blekinge.

Meine Mutter war die schönste Frau, die es je gab.
Ich habe Männer sagen hören, sie sei so wunderbar schön gewesen, daß alles andere neben ihr verblaßt sei; alles, was sonst als schön gegolten habe, sei nur wertloser Plunder gewesen.
«Wer sie gesehen hat, weiß, was Schönheit ist!»
So sprachen sie.
Aber was kann ich dazu sagen? Ist die eigene Mutter

nicht immer schön? Über dergleichen kann ich mich als ihr Kind kaum äußern.
Ich weiß nur, daß ihre Augen etwas Besonderes an sich hatten. Ich war drei Jahre alt, als ich es zum erstenmal entdeckte. Sie stand unter dem blühenden Apfelbaum, aber ich sah nur ihre schönen Augen.
In ihren Augen konnte man immer sehen, was sie dachte. Man blickte direkt hinein und wußte sofort, was sie meinte. Ihre klaren Augen waren wie Gänge, die zu ihren innersten Gedanken führten.
Aber was kann ich als ihr Kind darüber schon groß sagen?
Ich war immer in ihrer Nähe. Und sie war immer in meiner Nähe. Und Vater war immer in unserer Nähe. Wir waren immer zusammen.
Ich habe Erzählungen über ihre Hochzeit gehört.
Vater lief mit dem Schiff *Josefina*, das von dem Kapitän mit dem mächtigen roten Bart gesteuert wurde, den Hafen an. Und dann traf Vater meine Mutter und sagte: «Wenn du mich heiraten willst, werde ich dich nie verlassen. Und ich werde dir ein Schloß bauen, ich baue es selbst, ich bin nämlich ein sehr starker Mann.»
Meine Mutter wollte ihn gern heiraten.
Als die Sache bekannt wurde, ging in ganz Blekinge ein Jammern und Stöhnen los. Sämtliche Junggesellen seufzten, jetzt sei ihnen alles auf der Welt egal.
Vater und Mutter bestellten beim Pfarrer das Aufgebot

und kauften beim Goldschmied die Ringe. Vater verabschiedete sich von seinem Kapitän und ging zum Schneidermeister, um sich einen schwarzen Anzug schneidern zu lassen.
Am Morgen des Hochzeitstages ging Vater wieder zum Schneidermeister, um seinen Anzug abzuholen.
«Der Anzug ist ein bißchen zu eng», sagte Vater. «Er kneift. Du hast schlechte Arbeit geleistet.»
«Das habe ich nicht!» piepste der Schneidermeister aufgebracht. «So und nicht anders muß es sein, so und nicht anders müssen schwarze Anzüge genäht sein. Der Anzug ist eine ausgezeichnete Arbeit, jawohl!»
Doch Vater spannte seine Muskeln an, und der Stoff platzte und barst, und der Anzug hing in verknitterten, kläglichen Fetzen an ihm herab.
«Er war *doch* zu eng», sagte Vater.
Und der Schneidermeister wagte ihm nicht zu widersprechen.
Also mußte mein Vater im blauen Seemannspulli zu seiner Hochzeit gehen. Vater ist immer ein Mann der Arbeit gewesen, er war nie fein oder vornehm.
Aber meine Mutter trug ein weißes Kleid und einen goldenen Reif im Haar, und sie war so schön, daß der Pfarrer ins Stottern kam und dreimal so lang brauchte wie sonst, um den Text zu lesen.
Ja, mein Vater war der stärkste Mann, meine Mutter war die schönste Frau.

Als ich geboren wurde, geschah ein Wunder.
Ich wurde im Frühsommer geboren, wenn die Apfelbäume blühen und die Buchen grün werden.
Aber in dem Jahr, als ich auf die Welt kam, wurde es Anfang Juni plötzlich kalt. Es schneite, und die Bucht fror zu. Die Kühe der Bauern, die bereits auf der Weide waren, konnten die Abkürzung quer übers Eis nehmen, als sie in den Stall zurückkehrten. Der Frost ließ die Blätter der Buchen vergilben.
Mutter lag daheim in dem großen, eiskalten Rittersaal unseres Schlosses. Die Wehen folgten immer dichter aufeinander, und dann wurde ich geboren.
Die Hebamme, die meiner Mutter half, hatte noch nie ein so winziges Kind gesehen, das so piepsig schrie.
Hinterher humpelte sie in ihrem weiten Mantel und mit ihrer schweren Tasche auf krummen Beinen davon und trug den Tratsch ins Dorf.
«Da hätte man doch wahr und wahrhaftig glauben sollen, der stärkste Vater und die blühendste Mutter müßten den stärksten und schönsten kleinen Jungen bekommen, aber er ist schwach wie eine Laus und nicht viel schöner anzuschauen als ein junger Frosch.»
Das verbreitete die Hebamme im Dorf. Und die Bauern und die anderen Dorfbewohner lachten lauthals darüber.
«Geschieht ihnen ganz recht», wieherten sie. «Es gehört sich nicht, zu schön und zu stark zu sein und an-

ständige Leute damit in Verlegenheit zu bringen. Ja, geschieht ihnen recht! Schlösser bauen, ha! Solche Leute haben bei uns nichts verloren!»

Doch in der Minute, als ich auf die Welt kam, begannen sonderbare Dinge zu geschehen.

Vom Meer zog ein milder, warmer Wind übers Land. Das Eis barst und Wellen überspülten die Schollen. Der Schnee wurde wäßrig, und das Gras schaute wieder hervor. Und in derselben Minute fielen die kleinen Eiskrusten, die jede einzelne Apfelblüte eingehüllt hatten, wie Hütchen zu Boden und zersprangen mit Geklirr.

So kam in jenem Jahr der Sommer.

Ich lag warm zwischen Vater und Mutter gebettet.

Vater flüsterte:

«Als unser Sohn geboren wurde, ist ein Wunder geschehen, ein Wunder ist geschehen!»

Meine Mutter lächelte nur.

«Unser Sohn ist ein bemerkenswertes Kind. Ein bemerkenswertes Kind!» rief der Vater, daß es im Rittersaal nur so hallte.

Das alles geschah, als ich geboren wurde.

# *Zweites Kapitel*

Im Winter, als ich vier Jahre alt war, baute mein Vater ein Boot. Er arbeitete unten im Bootsschuppen am Steg.
Das Boot war riesengroß, ein zweiundzwanzig Fuß großes Boot aus Eichenholz.
Zuerst brachte er mir die verschiedenen Wörter bei. Daß die Seitenplanken des Bootes «Borde» genannt werden. Daß die Borde von «Spanten» festgehalten werden, die den Rippen im menschlichen Körper ähneln. Daß der «Bug» vorne ist und das «Heck» hinten. Daß der «Kiel» unten ist und daß man auf der «Ducht» sitzt.

«Der Kiel ist das, worauf man sitzt...» sagte ich.
«Nein. Du mußt ordentlich zuhören.»
Zuerst brachte er mir also die verschiedenen Wörter bei.
Und dann entstand das Boot meines Vaters vor meinen Augen.
Draußen vor dem Fenster schneite es, und ich saß im Bug, während Vater Bord für Bord anbrachte. Zuerst erhitzte er die langen Eichenbretter über einem Feuer. Er leerte eimerweise Wasser übers Holz und wärmte es ausgiebig. Schließlich konnte er die harten Eichenbretter biegen.
Er begann am Heck, bog ein Brett und befestigte es mit Zapfen aus Wacholderholz, Spant für Spant, bis er beim Bug anlangte, wo ich saß.
Das Boot entstand vor meinen Augen, ein Blekingeboot, das schönste, das ich je gesehen habe.
Es war viel Arbeit. Den ganzen schneereichen, eisigen Winter hatte Vater damit zu tun. Aber er hatte sonst keine Arbeit. In jenem Jahr war das Eis zu dick, längs der ganzen Küste kam kein einziger Fischer dazu, Kabeljau zu fangen.
Vater schliff die Borde mit großer Sorgfalt. Das machte außer ihm keiner, die anderen achteten nicht auf solche Feinheiten.
«Aber es muß das schnellste Boot von allen werden, und da kommt es auf jede Einzelheit an! *Fahrender Wind* soll es heißen.»

Ich saß im Bug von *Fahrender Wind*, baumelte mit den Beinen und sah, wie das Boot wuchs.
«Und hinten am Heck», sagte Vater, «da muß der Kiel scharf sein wie die Schneide einer Axt, damit das Boot gut auf dem Wasser liegt. Ein schnelles Boot darf nicht *im* Wasser liegen, es muß wie ein Wind *darüber* hinwegfliegen. Und ich muß das schnellste Boot haben!»
«Warum?» wollte ich wissen. «Warum muß es das schnellste sein?»
Er hörte meine Frage nicht. Er lachte vor sich hin und schliff mit dem Schleifpapier, daß der Staub mir kitzelnd in die Nase stieg.
Im Bootsschuppen meines Vaters roch es nach angewärmter Eiche und frischem Holz. Auf dem Ofen stand ein Topf mit Pech, dem ein scharfer Rauch entströmte.
Überall auf dem Boden lagen Haufen von Hackspänen, von Holzstaub überpudert.
Längs der einen Wand lag das Holz gestapelt – das frischgeschlagene, gerade und gesunde Holz neben knorrigen Stücken, die schon lange hier lagen und Staub sammelten.
Längs der anderen Wand stand die Arbeitsbank meines Vaters. Dort lagen die Äxte. Für Bug und Kiel hatte er eine besonders große Axt, die war wie ein altes Ritterbeil geformt, mit langem, abgegriffenem Stiel. Das Eisen war ganz schwarz, bis auf die funkelnde Schneide.

Um die Spanten zu bearbeiten, hatte er drei verschiedene kleine Beile und daneben noch das gewöhnliche Tischlerbeil.
Und dann die Feilen, Messer und Stemmeisen mit ihren gesprungenen Griffen. Und außerdem die Bohrer und Hobel in den verschiedensten Größen.
Dann waren da die Sägen – die normalen Sägen, die mit Schnüren gespannt wurden, und die riesige Klobensäge mit den scharfen Zähnen, die mindestens so groß waren wie die der Korkodile.
«Sind Korkodile das Gefährlichste, was es gibt?» fragte ich.
Vater murmelte vor sich hin.
«Korkodile!» rief ich.
«Ob die gefährlich sind?» fragte Vater verwirrt.
Er hatte immer gehört, was man ihn fragte, wenn er es sich nur noch einmal überlegte.
«Krokodile heißen die! Und so besonders gefährlich sind sie nicht. Ich habe schon Krokodile gesehen, draußen in der Welt. Lang und müde liegen sie im Wasser. Ich hätte sie verknoten können, ohne daß sie es gemerkt hätten...»
«Aber du bist ja auch der stärkste Mann der Welt!»
«Na und? Du, mein Junge, wirst noch viel stärker werden.»
«Und was ist dann das Gefährlichste, was es gibt?»
«Das Gefährlichste, was es gibt, das ist der Tiger. Wer die

Tigermutter von ihrem Jungen zu trennen versucht, der ist verloren. Die Tigermutter ist so stark, so zornig, so gefährlich, da ist ein Menschlein ein Nichts.»

«Ich werde sie nie von ihrem Jungen zu trennen versuchen...»

«Ein Tiger! Unser Boot soll *Tiger* heißen, weil der Tiger das Gefährlichste und Stärkste ist, was es gibt. Unser Boot werde ich mit Kisten beladen, und die werde ich von Bornholm übers Meer führen. Oh, unser Boot ist stark, ich kann es beladen, bis es nur noch einen Fingerbreit übers Wasser schaut. Bis dorthin darf das Wasser reichen, das schafft mein Boot. *Tiger*!»

Vater schliff, legte die Bodenplanken und setzte die Ducht.

Ich sah zu und lernte. Ich zeigte auf die Dinge und sagte alle Namen auf, die Vater mich gelehrt hatte:

«Bord und Spanten und Kiel und Bug. Jetzt kann ich auch ein Boot bauen.»

Vater pfiff vergnügt vor sich hin.

«Jetzt kann ich auch ein Boot bauen!» rief ich.

«O nein», sagte Vater und lächelte. «*Können* tust du das erst, *nachdem* du selbst eins gemacht hast. Aber sperr die Ohren auf und lerne, so wie ich von meinem Vater gelernt habe. Und dann, eines Tages, baust du dir selbst eins. Man kann gar nichts, bevor man es nicht selbst gemacht hat.»

Im Laufe des Winters wuchsen lange Eiszapfen vor dem Fenster, groß wie Tigerzähne.
Vater kochte Teer auf dem Ofen, Holzteer, der den ganzen Bootsschuppen vollduftete. Dann strich er unser Boot an, strich die weichgeschliffenen Borde, daß es nur so schäumte. Er strich zwei-, dreimal, bis das Boot schwarz war wie die Nacht und so blank, daß es wie ein Wind übers Wasser fliegen konnte.
«Schwarz!» sagte mein Vater. «Es soll *Contraband* heißen, das kommt nämlich aus dem Spanischen und heißt ‹Schmuggler›.»
«Schmuggler?» fragte ich verwundert. «Was bedeutet ‹Schmuggler›?»
«Schmuggel», sagte mein Vater. Er strich mit der Hand über das kleine schwarze Schutzbrett im Heck, unter das er sich kauern konnte, wenn es draußen auf dem Meer regnete.
«Schmuggel, Schmuggel und noch mal Schmuggel!» sagte er. «Ein Mann muß die Seinen schließlich irgendwie versorgen. Man kann doch Frau und Kind nicht einfach im Stich lassen. Wenn die Fischerei nichts hergibt, muß man eben sonst tun, was man kann. *Contraband* soll es heißen!»

Als es auf den Frühling zuging, begaben wir uns in den Wald und suchten einen passenden Mast. Vater fand eine lange, gerade Tanne, die er fällte. Er ästete sie mit der

kleinen Axt ab und schälte die Rinde herunter, daß die Rindenfetzen nur so flogen, bis das Holz nackt und saftglänzend vor uns lag.
Mutter hatte derweil im Rittersaal Segel aus grobem Baumwollstoff genäht, Klüver, Fock, Topp und Sprietsegel. Sie hatte sie in einer Lauge aus Erlenrinde gekocht, und jetzt waren sie schön hellrot geworden.
Der Mast wurde über einer Kupfermünze aufgerichtet, als Schutz gegen Not und Elend.
Und damit war Vaters Boot fertig. Der letzte Ruderpflock war an seinem Platz. Nur das Steuerruder selbst fehlte noch.

«Du, mein Junge, du sollst das Ruder mit deinen kleinen Händen ölen, damit es immer richtig steuert, damit mein Boot immer den Weg nach Hause findet – damit Zollschnüffler und Dorfpolizisten uns nie einholen.»
Ich saß im Rittersaal. Das große Ruder lag auf dem Tisch, und ich strich mit meinen kleinen Händen Öl über die glatte Fläche. Vater hatte den Arm um Mutter gelegt, froh und stolz standen sie daneben und schauten mir zu.
In jenem Frühjahr, als ich vier Jahre alt war und als die Frühlingswinde das Eis aufgerissen und zerfetzt hatten, wurde das Boot zu Wasser gelassen. Und nun lag es unten am Steg, schwarz wie eine Katze, mit hellroten Segeln und mit geöltem Ruder. Es schwamm auf dem Wasser, die plätschernden Wellen wagten es nur zärtlich zu berühren.
Es war das schnellste und stärkste Boot weit und breit!

# *Drittes Kapitel*

Mutter saß immerzu im Rittersaal und nähte. Den ganzen Herbst, den ganzen Winter nahm sie von den Bürgerfrauen in der Stadt Näharbeiten an.
Der Stoff lag in Ballen auf unserem Tisch. Mutter verließ ihre Arbeit nur selten.
Im Kamin flammte das Feuer. Mutter saß wie eine Katze in der Wärme zusammengekauert im Stuhl, den Schoß stets mit raschelndem Stoff bedeckt. Sie war eine geschickte Näherin. Ich saß neben ihr, an ihre Schulter gelehnt, und beobachtete verwundert, wie die Nadel durch lange Bahnen aus teurem, feinem Stoff glitt.

Ich nahm die Hände meiner Mutter und betrachtete sie genau. Ihre Finger waren lang und schlank, die Handflächen waren warm und ganz trocken. Der Handrükken war braungebrannt, die Haut in feinen Linien gerunzelt – wie kleine Wellen auf einem ruhigen Meer.
«Woher kannst du das?» fragte ich.
«Ach, das ist nichts Besonderes», antwortete sie lächelnd.
Ich weiß noch, daß ich oft im Rittersaal hin- und herlief. Ich lief weg vom Feuer quer über den holprigen, kalten Steinboden zur gegenüberliegenden Wand.
Dort hinten war es immer kalt. Dorthin reichte die Wärme nicht. Von dort aus war das Feuer, in dem dicke Balken brannten, nur ein Schimmer. Und Mutter war wie ein kleiner Punkt, nicht viel größer als ein Kätzchen vor einer Scheunenwand. Genauso klein wie ich, sogar noch kleiner, obwohl ich doch der Allerkleinste auf der ganzen Welt war.
Die Wände waren weiß, die Decke war weiß, und draußen vor den großen Fenstern, die wie Kirchenfenster oben Bögen hatten, war das Tageslicht weiß und kalt.
Ich rief:
«Mutter!»
Und aus allen Ecken hallte es, als hätte sich eine ganze Schulklasse im Saal versteckt, die jetzt schrie:
«Mutter! Mu-utter! Mu-u-utter! Mu-u-u-utter!»
Die Stimmen gingen ineinander über, die eine fing dort

an, wo die andere aufgehört hatte, und schließlich drang nur noch ein verklingendes Murmeln aus den einzelnen Winkeln.
Mutter lächelte mich an.
Da lief ich zurück und wärmte mich ein Weilchen am Feuer. Mutter rückte sich bequem im Stuhl zurecht, genau wie eine Katze, die sich ein gemütliches Plätzchen sucht.

Vater kam herein und stampfte sich den Schnee von den Stiefeln. Er nahm mich an die Hand und ging mit mir zur Tür am hinteren Ende des Rittersaales. Er öffnete die blaue Tür, sie war blau wie der Himmel, dick und schwerfällig, und wir traten in den östlichen Turm hinaus.
Hier lag überall Schnee. Als ich nach oben blickte, sah ich einen runden Himmelsausschnitt; der Turm war nämlich noch nicht fertig gebaut und hatte kein Dach. Eine Wendeltreppe führte an den Wänden entlang hoch hinauf. Schnee und Eis bedeckten die Treppenstufen.
Vater lief voraus.
«Komm mit!» rief er.
Ich fürchtete mich davor auszurutschen und klammerte mich ans Geländer. Vorsichtig folgte ich ihm nach oben, über glitschige Eisklumpen die Wendeltreppe hinauf. Weit über mir, inmitten der Spirale aus Stufen, hörte ich Vaters Stimme:

«Kommst du, mein Junge?»
«Ich trau mich nicht», antwortete ich.
Da kam er sofort herunter, nahm mich in seine Arme, setzte mich auf seine Schulter, stützte meinen Rücken mit der Hand und eilte erneut nach oben. Auf seiner Schulter saß ich sicher und geborgen, nichts konnte mir geschehen.
Wir gelangten auf den obersten Absatz, der wie eine Plattform mit einem ringsum laufenden Geländer gebaut war. Vater setzte mich ab. Als ich den Kopf über den Rand streckte, schlug mir der harte Wind entgegen. Meine Augen tränten, und meine Haare wurden zerzaust, meine Wangen brannten, und mein Mund füllte sich mit Luft, als ich sprechen wollte.
Das Meer unter uns war aufgewühlt, und der Wind zerrte an den Wellen. Die Bäume auf der Landzunge bogen sich landeinwärts und winkten mit ihren langen, kahlen Zweigen.
«Dies ist unser Schloß», sagte Vater. «Es wird das prächtigste Schloß weit und breit sein, wenn es erst einmal fertig ist.»
Ich lief an der Balustrade entlang und blickte von der anderen Seite des Turmes aufs Schloß hinab.
Unser Schloß war ein großes Gebäude aus weißgestrichenem Holz, und darin lag der Rittersaal.
Ganz vorn führte eine steinerne Treppe zu einem mächtigen Portal mit vier Säulen empor. Die große Eingangs-

tür wurde von zwei hölzernen Löwen bewacht. Oben auf dem Dach, über der Mitte des Portals, erhob sich eine hohe Zinne, die in einer Fahnenstange endete. An der Spitze der Fahnenstange flatterte ein schwarzer Wimpel mit zwei Zipfeln heftig im Wind. Der Wimpel knallte und schnalzte, während die Fahnenleine wütend gegen die Stange knatterte.
Der östliche Turm, auf dem wir standen, war fertig bis aufs Dach. Er hatte keine Fenster und sah wie ein großes gewölbtes Faß aus. Der westliche Turm bestand vorläufig nur aus einem halbfertigen Gerippe, dessen Bretter in alle Himmelsrichtungen ragten. Es war nicht genau zu erkennen, ob es sich um eine Ruine oder um einen Neubau handelte. Hinterm Rittersaal hatte Vater noch einen Langbau begonnen. Mit der Zeit sollte sich ein umbauter Burghof an den Rittersaal anschließen. Aber dieser Bau befand sich noch ganz am Anfang. Die Bretter hingen kreuz und quer, als hätte der Wind ein früheres Gebäude zerstört. Ein Stück von einer Wand, eine Öffnung, eine Ecke und ein vereinzeltes Fenster – mehr war da nicht.
«Warum wohnen wir in einem Schloß, Vater?»
«Warum wohnen wir in einem Schloß?» wiederholte er erstaunt. «Warum sollten wir in einer Hütte wohnen? Sollen wir uns etwa verstecken wie die Leute im Dorf? O nein, besten Dank! Der Mensch ist groß, groß ist der Mensch!»

Ich schwieg.
«Eines Tages wirst du mir helfen, unser Schloß fertigzubauen», sagte Vater und legte mir den Arm um die Schultern.

Er führte mich wieder auf die andere Seite, die aufs Meer hinausging und wo der unfreundliche Wind uns ins Gesicht schnitt.
«Das Meer!» sagte er. «Eines Tages werde ich dir das Meer zeigen. Das Meer ist nicht gefährlich. Wer ein gutes Boot hat und reichlich Proviant, gut verstaut, für den ist das Meer ein Freund. Das Meer ist eine Brücke in andere Länder...»
Und er erzählte mir Märchen von allen Ländern jenseits des Meeres, Märchen, die er mir seit meiner Geburt erzählt hatte. Von fernen Häfen, wo das Wasser klar und grün sei und die Städte klein und weiß an den Berghängen lägen. Von den Fischen, die es dort zu sehen gebe. Von den Tieren, die dort in den Wäldern lebten. Von Feuern, die in der Abenddämmerung unter großen, mächtigen Bäumen aufflammten. Und von all den Sagen und Geschichten, die man an den still glimmenden abendlichen Feuern zu hören bekomme.
«Amerika, Indien, Afrika. Die Brücke beginnt hier!» sagte er. «Hier beginnt sie, und sie endet in friedlichen kleinen Häfen in fernen Erdteilen. Hier beginnt alles!»
Hinter den Inseln sah ich den gebogenen Horizont. In

der klaren Luft zeichneten sich die äußersten Leuchttürme ab, und dahinter erstreckte sich nichts als das Meer mit seinen erzürnten Wellen.
«Du und ich und Mutter. Eines Tages wird *Tiger* uns übers Meer hinwegtragen.»
«*Fahrender Wind* soll es heißen», sagte ich. «Wann brechen wir auf, Vater? Laß uns jetzt fahren!»
«Nein, das geht nicht», sagte Vater. «Wir müssen warten, bis du groß bist.»
«Nein, nicht bis ich groß bin. Nei-in!»
Oh, ich sehnte mich ja so sehr hinaus! Ach, wie ich mich von dieser kleinen Landzunge hinwegsehnte, von dieser windzerzausten Landschaft weg und hinaus in die richtigen Länder.
Wir machten noch ein paar Schritte auf der Balustrade. Der Wind blies uns in den Rücken, und jetzt sahen wir das Dorf vor uns liegen. Hinter den Felsen schaute der viereckige Turm der kleinen weißen Kirche hervor. Die Glocke begann zu läuten und forderte Bauern und Dorfbewohner zum Gottesdienst auf.
Neben der Kirche, hinter Eichen verborgen, lag das Schulhaus und duckte sich im Wind.
«Ich will nicht mehr in die Schule gehen», sagte ich.
Vater strich mir über die Wange.
Ich sah ein paar Holzhäuser und weiter weg ein großes Gebäude aus grauem Stein, dort hausten die Polizei und die Zollbeamten.

Das war unser Dorf: die Kirche, die Polizei, der Zoll und ein paar Reihen ungestrichener Holzhäuser, die beieinander Schutz vor dem Wind suchten.
«Ich will nicht mehr in die Schule! Ich will immer hier bei euch sein!»
Vater antwortete zuerst nicht. Doch dann sagte er: «Du wirst mir helfen, das Schloß fertigzubauen. Eines schönen Tages wirst du...»
«Das Schloß! *Ich* kann kein Schloß bauen. Ich bin neun Jahre alt und der Kleinste in der ganzen Schule. Alle ärgern mich. Ich bin kleiner als die Tochter der Lehrerin.»
«Ja?»
«Und die ist erst vier!»
Vater hob mich auf. Er öffnete seinen Mantel, drückte mich an seine Brust und knöpfte den Mantel um mich zu. Dort drin war es schön warm, nur mein Gesicht schaute heraus. Ich fühlte mich wie ein Vogeljunges im Nest.
«Kümmer dich nicht um die Leute im Dorf. Das sind kleine Leute, unbedeutende Leute», sagte er. «Die kriechen doch vor allem und jedem. Die fürchten sich doch ganz erbärmlich vor dem Polizeihauptmann, vor dem Pfarrer, der Lehrerin und dem Gießereimeister. Die fürchten sich vor allem und jedem, und die glauben an nichts.»
Wir blickten in die andere Richtung. Da lag das Nach-

bardorf mit den hohen Schornsteinen der Gießerei im rußgeschwärzten Schnee.
«Die Gießerei!» sagte Vater. «Dorthin bringen sie mich nie und nimmer. Wenn du wüßtest, was die Kinder dort aushalten müssen...»
«Was müssen die Kinder dort aushalten?»
Vater antwortete nicht.
«Was müssen die Kinder in der Gießerei aushalten?» rief ich. Er hörte mich nicht.
Weiter landeinwärts, weit entfernt von den frischen Winden, lag die Stadt. Wir sahen die dünnen Rauchsäulen, die wie schmale Striche aus Tausenden von Stadthäusern hochstiegen, bis die Winde sie erfaßten und sie als verschwommene Wolken davontrieben.
Ich kuschelte mich in Vaters Arme.

«Heda!» rief Vater plötzlich.
Wir spähten über das Geländer und sahen drei Gestalten, die vom Schloß fort durch den Schnee zur Straße stolperten. Unten auf der Straße wartete ein Fuhrwerk auf sie. Sie mußten zu Mutter hineingegangen sein, während wir auf den Turm kletterten.
Zwei von ihnen waren Knechte, mit einfachen, holzbesohlten Stiefeln und Jacken aus grobem Sackleinen. Die dritte Gestalt war eine Dienstmagd aus der Stadt. Sie trug einen schwarzen Rock, ein schwarzes Umschlagtuch und ein schwarzes Kopftuch.

Die Knechte schleppten Stoffballen, den Stoff, der vorhin auf dem großen Tisch gelegen hatte, sie stapften und schwankten und stolperten unter der Last.
«Heda! Was macht ihr hier?» brüllte Vater.
Die Dienstmagd aus der Stadt blieb stehen, blickte suchend in alle Richtungen und erblickte uns auf dem Turm. Sie warf den Kopf in den Nacken: Vor uns brauchte sie keine Angst zu haben. Vater würde sie nie einholen können.
«Meine Gnädige läßt ausrichten, daß sie ihre schönen Stoffe nicht in dieser Bruchbude haben will», rief die Dienstmagd mit schriller Stimme.
«Bruchbude!?» brüllte Vater.
«Hier ist alles so komisch, nichts hat seine Ordnung, läßt die Gnädige ausrichten.» Die Dienstmagd aus der Stadt begann wieder weiterzugehen. Über Steine stolpernd, folgte sie den Knechten. Dann blieb sie erneut stehen und rief: «Wenn die Näherin etwas zu nähen haben will, muß sie sich in die Stadt bequemen, läßt die Gnädige ausrichten. Und die Gnädige sagt...»
«Die Gnädige!» schrie Vater.
Die Knechte wurden übermütig und begannen zu grinsen.
«Die Gnädige», fuhr Vater fort. «Richte der Gnädigen einen schönen Gruß aus, wenn sie nicht ihr Maul hält, komme ich und zerknülle sie und stopfe sie in einen – in einen Fingerhut!»

«Das sagt nicht nur die Gnädige», entgegnete die Dienstmagd. «Der Pfarrer sagt auch, daß Übermut und...»
«Der Pfarrer!» unterbrach Vater sie. «Grüß den Pfarrer, er soll sich zum Teufel scheren! Ha!»
Und da bekamen sie es alle drei mit der Angst zu tun, bestiegen eilig das Fuhrwerk und peitschten den mageren Gaul davon.
Ich lugte aus Vaters Mantel hervor, in sein Gesicht hinauf.
«Was wird Mutter jetzt machen?»
«Mutter? Ich weiß genau, was Mutter tun wird!»
Er begann zu lachen.
«Sie wird für dich nähen! Mutter wird dir einen Mantel nähen, mein kleiner bemerkenswerter Junge, einen langen schwarzen Mantel mit rotem Futter, und einen silbernen Gürtel dazu. Und rate mal, was du von mir bekommst?!»
Er hielt mich fest im Arm und wärmte mich, während er die vereisten Treppen hinunterging.
Unten im Rittersaal hatte Vater seine Seemannskiste. Manchmal öffnete er sie und zeigte mir seine Schätze. Jetzt sperrte er das rostige Schloß auf.
Er holte schwarze Masken aus Afrika hervor, mit schaurigen Augenhöhlen und langen Schnurrbärten.
Er holte den getrockneten Ballonfisch aus Indien hervor, der so groß und aufgeblasen war.

In der Kiste lagen auch ein Straußenei, Korallen, viereckige Münzen aus China und die Nase eines Sägefisches.
Ganz zuunterst lag ein Paar schwarzer Stiefel. Und ich sah, daß Vater ein kleines Schwert in der Hand hielt.
«Ich denke schon, daß dir die Stiefel passen werden», sagte er und legte alles mit geheimnisvollem Lächeln in die Kiste zurück. «Ich bekam sie von meinem Vater, als ich neun Jahre alt und genauso klein und ängstlich war wie du.»
«Warst du damals auch so klein?»
Er versteckte die Stiefel unter dem Ballonfisch.
«Warst du damals auch so klein?» rief ich.
«Ich bin auch klein gewesen, das ist doch klar! Aber du bekommst die Stiefel und das Schwert erst, wenn Mutter deinen Mantel fertiggenäht hat.»

# *Viertes Kapitel*

Die Löwen waren müde und dumm. Sie starrten mit ihren großen Augen geradeaus. Die hölzernen Ohren waren zersprungen, die Zähne waren abgebrochen. Sie sahen wie ramponierte Spielzeugtiere aus.

Jetzt starrten sie aufs Meer hinaus, voller Staunen, als begriffen sie nichts von alledem, was sie sahen. Große Dummheit und maßlose Müdigkeit. Die brüllenden Mäuler waren voller Schnee.

Wir hatten zwei Löwen, große Löwen aus Holz, links und rechts vom Portal. Ich ritt oft auf den Löwen. Ich hielt mich an ihren Ohren fest und ritt an der Küste ent-

lang, aufs Meer hinaus und weit fort in die fernen Länder. Ich ritt im Galopp auf meinen Löwen und mußte mich tüchtig an ihren Ohren festhalten.
Einmal, als wir hoch oben über den Himmel ritten, barst das Holz und ein Ohr fiel auf die Erde hinab. Vater wurde traurig, aber nicht böse. Er hatte seine Löwen selbst mit dem großen Beil aus Eichenkloben herausgehauen.
Ein Ohr nach dem anderen fiel ab. Die wachsamen Löwen an unserem Schloßtor sahen dumm und einfältig aus.
Wenn ich in die Welt hinausritt, ließ ich die Löwen stets ein Holzschwert in ihren Mäulern tragen. Denn ein Schwert mußte man ja immer dabeihaben. Und so kam es, daß die Zähne, die aus spitzen Holzstücken bestanden, abbrachen. Die gefährlichen Löwen, die unser Schloß schützen sollten, wurden zahnlos und ungefährlich. Sie brüllten und rissen ihre gewaltigen Mäuler auf, aber sie konnten nicht einmal einem Mäuslein den Garaus machen. Nur die Augen waren noch übrig, die unwissend in die Welt hinausstarrten. Die Pranken waren in Schnee und Eis begraben, die Krallen bohrten sich in den Stein und ließen nicht los.
Ich saß auf einem meiner müden, dummen Löwen und ritt davon. Das Meer lag still da, die Sonne schien, und der Schnee funkelte.
Wir saßen auf der Steintreppe, nur eine einzige Treppen-

stufe trennte uns von der weiten Welt. Über mir wölbte sich das säulengestützte Portal – wie in einem griechischen Tempel saß ich da und ritt.

Da hörte ich ein Knarren im Schnee. Ich hörte Zweige knacken, die hinten im Wald abgebrochen wurden.

Ich versteckte mich hinter dem Löwen und äugte hervor. Zwei Kinder kamen durch den Schnee auf unser Schloß zu gestapft.

Sie machten ein paar Schritte. Dann blieben sie stehen und sahen sich um. Sie tuschelten miteinander und beruhigten sich gegenseitig, als hätten sie Angst davor, geradewegs auf unser Schloß zuzugehen. Doch dann nahm ihre Neugier überhand, und sie stapften noch ein paar Schritte weiter. Den einen von ihnen erkannte ich. Er ging in meine Klasse. Ich wußte, wer er war, kannte ihn aber nicht richtig.

Noch hatten sie mich nicht gesehen. Ich schlich ins Portal und versteckte mich hinter den Säulen. Dann huschte ich davon, zum östlichen Turm hinüber.

Neben jedem Fenster an der ganzen Längswand stand ein Pfeiler, eine breite Säule, die an der Wand befestigt war. Hinter jeder dieser Säulen konnte ich mich an die Wand pressen und einen Augenblick lang Atem holen, bevor ich weiterschlich.

Ich eilte um den östlichen Turm, lief um das Schloß, über den Schloßhof und hinüber zur halberbauten Ruine des westlichen Turmes. Mein Herz hämmerte wie wild, als ich aus einem Loch in dem unfertigen Langbau hinauslugte.

Die Jungen waren nicht weit von mir entfernt.

Ich kletterte auf einen Balken hinaus, kroch in einen Winkel und spähte durch eine Ritze hinaus.

Jetzt erblickten sie mich. Der größere der beiden war der ältere Bruder meines Klassenkameraden. Er ging ebenfalls in meine Schule, ein paar Klassen über mir. Plötzlich zeigte er auf mich. «Da ist er! Komm heraus!»

Ich steckte den Kopf durch eine Öffnung und versuchte mir eine Antwort einfallen zu lassen:

«Kuckuck, kuckuck, kuckuck!»
Genau wie ein Kuckuck. Rasch zog ich den Kopf wieder zurück. Ich dachte nicht daran herauszukommen, und ich wagte nicht, mit ihnen zu sprechen. Statt dessen versuchte ich sie zu necken.
«Komm her!» riefen sie.
Ich versteckte mich erneut.
«Stimmt es, daß ihr lebendige Löwen habt?» rief der Größere.
«Klar stimmt das! Zwei echte Löwen, die Äpfel fressen, das stimmt doch, oder?» rief der kleinere Bruder.
Ich streckte den Kopf zwischen zwei Brettern hervor.
«Kuckuck, kuckuck, kuckuck!»
Das fanden sie gar nicht lustig.
«Komm her! Es stimmt ja gar nicht, daß ihr Löwen habt...»
«Sag, daß es stimmt», rief der kleinere Bruder flehend.
«Kuckuck, kuckuck, kuckuck!» Ich rannte eine Leiter hinunter, huschte durch eine enge Passage und kam an eine Stelle, wo ein Rohr durch die Wand hinausführte. Ich streckte meinen Arm durchs Rohr und winkte ihnen. Der Kleine begann zu lachen.
«Warum habt ihr einen schwarzen Wimpel? Seid ihr Seeräuber?» fragte der große Bruder.
«Kuckuck, kuckuck, kuckuck!»
Der Kleine hielt sich den Bauch vor Lachen, aber der Große knurrte:

«Der ist ja dumm. Der ist ja nicht ganz richtig im Kopf! Die sind alle miteinander nicht ganz bei Trost.»
Ich kletterte rasch nach oben. Die Leiter hoch, über die Zwischendecke, dann an einem Seil auf die obersten wackligen Bretter hinauf.
«Ihr habt doch ein Boot, das über dem Wasser segelt, ein Boot, das schwarz ist wie eine schwarze Katze?» bettelte der kleine Bruder. «Das habt ihr, jawohl, das habt ihr!»
«Kuckuck, kuckuck, kuckuck!»
Mir fiel nichts anderes ein, was ich ihnen hätte zurufen können.
«Er hat dich nur hereingelegt», sagte der Große mürrisch. «Oder ist dein Vater etwa wirklich ein Schmuggler? Das behaupten ja alle im Dorf.»
Inzwischen war ich schon wieder hinuntergeflitzt, zur anderen Seite hinüber, wo es eine kleine Luke gab. Ich schob die Luke auf:
«Kuckuck, kuckuckuck!»
Der Kleine mußte so lachen, daß er hintenüber kippte. Der Große wurde bloß wütend.
«Ist dein Vater etwa so stark, daß er eine Kuh tragen kann? Nein, das ist er nämlich nicht! So stark ist niemand!»
«Und wie kommt es, daß du so winzig bist?» fragte der kleine Bruder. «Und so schwach, daß dich die anderen immerzu schlagen?»

Ich kauerte schweigend hinter einer Säule und verbarg mein Gesicht in den Händen.
«Jetzt ist der Kuckuck verstummt», sagte der Große.
In diesem Augenblick kam Vater vom Bootsschuppen. Er trug einen Balken, der war mindestens zweimal so lang wie er selbst und so dick, daß ein normaler Mann ihn nicht hätte umfassen können. Er trug ihn auf der Schulter.
Die Kinder liefen davon, sie hüpften über den Schnee und verschwanden hinten im Wald.
«Wer war denn das?» fragte Vater.
«Niemand.»
«Ich habe sie vom Fenster aus gesehen. Warum hast du nicht mit ihnen gesprochen? Was haben sie gesagt?»
«Nichts.»
«Aber irgend etwas haben sie doch wohl gewollt?»
«Nichts.»

## *Fünftes Kapitel*

Den ganzen Abend saß ich am Kamin und stocherte im Feuer. Die Kohlen glühten mir ins Gesicht. Ich schob sie im Kamin umher, und dabei klirrten sie wie Eisstückchen aneinander. Vater saß am Tisch und summte und sang vor sich hin. Er lötete Silberdraht und Golddraht auf die Scheide des Schwerts, das er einmal von seinem Vater bekommen hatte. Er hielt Stahl ins Feuer, und als der gelbglühend war, holte er ihn heraus und legte ihn in eine kleine Kiste mit Sand, die auf dem Tisch stand. Er arbeitete mit Zangen, kleinen Hämmerchen, Draht und glühendem Stahl. Die Kohlen klirrten. Vater summte.

Auf der kleinen Schwertscheide entstanden Figuren, Schlingen und Ornamente, Blätter und Blumen. Das Bild eines Drachen, glänzend wie Silber. Und das Bild eines Ritters mit Schwert und Schild, leuchtend wie eine Sonne. Mutter saß gegenüber am Tisch. Sie nähte einen schwarzen Mantel mit einem Futter, das rot war wie Blut, und der Mantel war für mich.

Es war ein Rittermantel, allerdings der kleinste, den man je gesehen hat. Doch trotz seiner Winzigkeit war er in allem wie der Mantel eines vornehmen Herrn: ein kleiner Kragen mit Flammen aus Silberdraht, Knöpfe aus Silber, eng tailliert und so lang, daß er bis hinunter über die Stiefel reichte. Und um den Leib ein breiter Gürtel in Rot und Silber für das Schwert.

«Zu verrückt, daß ich hier sitze und nur für unseren Kleinen nähe», sagte Mutter.

Vater sah von seiner Filigranarbeit auf und warf ihr einen scharfen Blick zu.

«Das Geld, das ich durch die Näherei verdient hätte, wäre uns gut zupaß gekommen.»

«Wenn sie dich hier nicht nähen lassen wollen, kannst du es nicht tun», sagte Vater. «Bruchbude? Unordnung? Ha!»

«Aber...»

«Schließlich kannst du nicht in die Stadt fahren, um dort zu nähen. Dann müßtest du dort übernachten. An einem Tag hin und zurück, das geht nicht.»

«Nein, aber...»

«Geld! Geld! Soll ich etwa wieder zur See gehen? Zur See gehen und euch allein hierlassen? Nie im Leben. Und in die Gießerei bringt mich keine Macht der Welt. Da kriegt man Geld, o ja! Aber die brauchen sich nicht einzubilden, daß sie mein Leben für Geld kaufen können!»

Mutter nähte. Auf ihrer Stirn war eine Falte aufgetaucht, und ich sah es ihren Augen an, daß sie unruhig war.

Ich rührte in der Glut, und eine Kohle fiel klirrend auf den Steinboden heraus.

«Sitz nicht da und spiel mit dem Feuer!» sagte Mutter gereizt. Vater stand auf und legte ihr den Arm um die Schultern.

«Geld...» sagte Vater. «Mach dir keine Sorgen. Wenn Wind und Wetter sich beruhigt haben, fahre ich mit *Contraband* hinaus.»

Vater ging durch den Rittersaal und öffnete die blaue Tür. Ich glaube, er stellte sich oben auf den Turm und blickte übers Meer. Das tat er oft.

Mutter seufzte.

Ich sah in die Glut und wurde immer schläfriger. Dann schlief ich wohl dort auf dem Steinboden vor dem Kamin ein. Als Vater mich aufhob und mich in ein warmes Fell hüllte, wachte ich kurz auf, um gleich wieder einzuschlafen.

Erst mitten in der Nacht wachte ich auf. Die Glut im Kamin war heruntergebrannt. Der ganze Rittersaal war hell erleuchtet. Vater hatte Kienspanfackeln angezündet, die nun in ihren Haltern an den Wänden flammten und qualmten. Draußen vor den Fenstern war es schwarz, und der Wind preßte sich kalt gegen die Scheiben.
Vater und Mutter lächelten mich an. Mutter hielt den schwarzen Mantel in ihren Händen. Jetzt war er fertig. Vater streckte mir das kleine Schwert und die Scheide entgegen. Auf dem Boden standen die kleinen schwarzen Stulpenstiefel.
«Komm», sagte Vater. «Jetzt ist alles fertig.»
Vater hob mich auf den Tisch, und ich steckte meine Füße in die Stiefel.
Mutter half mir in den Mantel. Ich steckte die Hände in die Ärmel. Sie knöpfte die vielen Silberknöpfe zu. Dann schnallte sie mir den Gürtel mit dem Schwert um.
Vater hob mich vom Tisch.
Mein Haar war zerzaust, und ich war noch nicht ganz wach. Ich begann durch den Rittersaal zu marschieren. Der Mantel paßte genau, eine bessere Näharbeit mußte man weit und breit suchen. Die Länge des Schwertes war genau richtig, der Griff wie für meine Hand geformt. Selbst die Stiefel schienen für mich genäht zu sein, nur mir zu passen. Ihre Absätze waren mit Eisen beschlagen, die gegen den Steinboden knallten.

Ich streckte mich und marschierte mit raschen Schritten durch den Saal. Jedesmal, wenn ich den Fuß vorsetzte, schlug der Mantelschoß Falten und ein Zipfel des blutroten Futters leuchtete auf. Die Kienspanfackeln flammten und ließen das Schwert funkeln. Ich blieb stehen und betrachtete die Scheide mit all ihren Verzierungen. Die Silberdrähte glänzten. Der Ritter lächelte mich an, und der Drache verzog sein Gesicht.
Ich zog das Schwert aus der Scheide, die Klinge war blank und scharf, aus feinstem Toledostahl geschmiedet. Dieses Schwert hätte in alten Zeiten für einen Ritter des spanischen Königs getaugt.
Ich ging hin und her, hin und her. Vater hatte den Arm um Mutter gelegt. Sie standen still nebeneinander und lächelten mir zu.
«Benehmen wir uns jetzt nicht recht albern?» fragte Mutter.
«Nein», entgegnete Vater. «Ein Kind muß fühlen, daß es geliebt und gebraucht wird. Das gibt Kraft.»
Ich hob das Schwert, und die Klinge warf Blitze durchs Zimmer.
Vater und Mutter klatschten in die Hände und verneigten sich.
«Dieses Schwert bekam ich von meinem Vater, als ich klein war», sagte Vater.

Mein schwarzer Mantel war etwas ganz Seltenes. Mein Schwert war etwas ganz Besonderes. Als Vater mit *Contraband* davongesegelt war, stand ich Nacht für Nacht unten am Steg und wartete.
Der Wind war kalt, aber der Mantel umhüllte mich wie mit wärmenden Armen. Ich stand in Schnee und Eis und wartete, aber die Stiefel hielten meine Füße ebenso warm, als wenn ich daheim am Feuer gesessen hätte. Der Wind pfiff, die Wellen wälzten sich gegen den Steg. Und das Schwert, das war wirklich etwas Besonderes. Obwohl ich doch der Kleinste und Ängstlichste weit und breit war, empfand ich überhaupt keine Angst, solange ich das Schwert am Gürtel hatte.
Der Wind heulte durch den Wald, die Zweige bebten, große Felsbrocken lauerten wie bedrohliche Trolle, von überall her drangen Geräusche.
Aber ich hatte dennoch keine Angst. Ich umklammerte den Schwertgriff und spähte übers Meer, in der Hoffnung, Vater zu entdecken.
Im Dämmerlicht sah ich einsame Inseln und dazwischen Zipfel vom Meer. Hinter den Inseln wartete das offene Meer, das zu den fremden Ländern in der Ferne führte.
Auf manchen Inseln waren Lichter zu erkennen. Ich sah einen Leuchtturm. Im Fenster einer kleinen Fischerkate ahnte ich eine Petroleumlampe. Am Heck eines Schiffes auf Küstenfahrt flackerte eine Laterne. Doch das Boot

meines Vaters war nirgends zu sehen. Weder in der ersten noch in der zweiten Nacht. Aber in der dritten Nacht…

In der dritten Nacht stand ich wieder am Steg. Im schwachen Licht des Mondes sah ich ein schwarzes Boot schwer durchs Wasser gleiten. Der kräftige Wind blähte die hellroten Segel. Vater!

Es raschelte im Wald. Hinter den Steinen huschende Schritte. Die Trollfelsen waren riesiger denn je.

Obwohl ich mein Schwert dabeihatte, fürchtete ich mich diesmal doch vor den Drohungen der Nacht.

Schwarz und ohne Laternen glitt das Boot an den Inseln vorbei. Vater stand im Heck am Ruder, die Segel blähten sich im Wind.

Ich zog das Schwert aus der Scheide und schwang es in der Luft. Es schimmerte schwach im Mondlicht.

Vater winkte mir zu und schwenkte zum Steg hin.

Es raschelte im Wald. Hinter den Steinen ein leises Huschen. Die Trollfelsen konnten so groß sein, wie sie wollten! Jetzt machten sie mir keine Angst mehr.

# *Sechstes Kapitel*

Vater raffte die flatternden Segel und steuerte den Steg an. Er warf mir die Fangleine zu. Dann sprang er an Land und vertäute das Boot an den grauen, rissigen Pfählen. *Contraband* scheuerte am Holz des Bootssteges und knarrte zufrieden. Das Boot war schwer beladen mit Kisten. Vater umarmte mich und sagte:
«Hier bringe ich Kisten aus Bornholm! Die kann ich in der Stadt für den doppelten Preis verkaufen. Bald werden wir Geld haben, mein Sohn!»
Er begann sofort, die Ladung zu löschen und die Kisten auf den Steg zu stapeln. Ich versuchte ihm zu helfen.

Das Boot schaukelte, und es war schwierig, an Bord Halt zu finden. Die Kisten waren so groß, daß meine Arme sie nicht umfassen konnten. Und als ich sie am unteren Rand anzuheben versuchte, waren sie so schwer, daß ich es nicht schaffte.
Vater stapelte Kiste um Kiste auf den klapprigen Holzsteg.
«Was ist in den Kisten, Vater?» fragte ich.
Er machte mir ein Zeichen, daß ich schweigen solle.
«Man muß ganz still sein und rasch arbeiten», flüsterte er.
«Warum?» fragte ich.
«Psst!» Dann arbeitete er weiter, und *Contraband* stieg immer höher übers Wasser.
Ich versuchte ihm erneut zu helfen, vermochte aber keine einzige der Kisten vom Fleck zu bewegen.
«Setz dich hin und ruh dich aus, mein kleiner Junge», flüsterte er mir liebevoll ins Ohr.
Als alle Kisten auf dem Steg aufgestapelt waren, *Contraband* leicht auf den Wellen schaukelte und die Leinen gegen den Mast klatschten, setzte Vater sich hin, um zu verschnaufen.

Mir war ängstlich und sonderbar zumute. Es raschelte im Wald und huschte hinter den Felsen.
Wie kam es, daß ich mich jetzt vor den Trollen fürchtete, jetzt, da Vater bei mir war?

Doch da kamen sie schon auf uns zu, lösten sich aus der Dunkelheit und warfen sich über uns. Es waren keine Trolle. Es war der Polizeihauptmann. Es war der Zöllner. Und es waren drei Polizeidiener.

Vater war im Nu überrumpelt. Bevor er sich auch nur erheben konnte, hatten sie ihn bereits in Eisen gelegt. Seine Hände und Füße wurden mit Eisenketten aneinandergefesselt. Und die Polizeidiener hielten ihn an den Armen, den Beinen und um den Hals fest.

Als sie glaubten, ihn endgültig gefangen zu haben, schüttelte er sich so heftig, daß die Polizeidiener in den Schnee flogen. Er machte einen langen Satz zum Polizeihauptmann hin, packte dessen Nase und drehte sie um, daß es nur so krachte. Und der Polizeihauptmann schrie wie eine eingeklemmte Katze.

Dann zerrte Vater verzweifelt und ohnmächtig an seinen Fesseln, aber er konnte nichts tun.

Sie zogen mit Vater davon, zur Straße hin, die ins Dorf führte. Mal trugen sie ihn, mal schleppten sie ihn hinter sich her.

«Wagt es ja nicht, mich anzufassen, ihr Läuse!» rief Vater, doch seine Stimme klang schwach, einer der Polizeidiener hatte ihm nämlich den Arm fest um den Hals gelegt.

Ich lief hinterher. Ich zerrte einen Polizeidiener an seiner Hose, ich schlug mit meinen kleinen Fäusten gegen seine Beine.

Doch was nützte das schon? Der Polizeidiener merkte es vermutlich nicht einmal. Was konnte ich tun?
Ich weinte und rief nach Vater, aber sie zogen dennoch mit ihm davon, quer durch den Wald zu einem wartenden Fuhrwerk, vor das ein Pferd gespannt war.
Kaum war Vater auf den Karren hinaufbefördert, begann der Polizeihauptmann schon auf sein Pferd einzupeitschen.
«Wenn ihr mich nicht loslaßt, reiße ich euch die Ohren ab!» brüllte Vater.
«Das wirst du büßen. Ich werde dich nie mehr aus meinem Gefängnis lassen», ächzte der Polizeihauptmann und rieb sich seine schmerzende Nase.
Die Worte schnitten mir wie mit Messern ins Herz. Alles hätte ich tun wollen, und nichts konnte ich tun!
Erst jetzt fiel mir mein Schwert ein, ich zog es rasch aus der Scheide. Doch da war es schon zu spät. Die großen Räder knirschten über Eis und Stein, und der Karren schaukelte auf der schlechten Straße davon. Er war schon weit von mir entfernt.
Aber ich hatte eine Idee. Ich konnte geradewegs durch den Wald rennen, über den Hügel, und auf der anderen Seite die Straße erreichen. Ich konnte die Abkürzung nehmen und die Fuhre auf der anderen Seite mit meinem Schwert aufhalten.
Ich rannte los, so schnell ich nur konnte.
Ich stolperte über Steine und preßte mich durch Wände

aus kratzendem Tannenreisig. Mit dem einen Fuß glitt ich in eine Spalte, befreite mich aber sogleich hastig daraus. Dabei blieb der eine Stiefel zurück, und gleich darauf verlor ich auch den zweiten. Barfuß lief ich weiter, mit brennenden, schmerzenden Fußsohlen.

Ich zwängte mich durch Büsche und Gestrüpp, der Mantel blieb hängen und wurde mir vom Leib gerissen. Ich hatte keine Zeit stehenzubleiben, sondern lief einfach weiter, mit frierenden Armen und Beinen.

Dann schlitterte ich den Abhang hinab und erreichte die Straße. Das Fuhrwerk mit meinem gefesselten Vater kam auf mich zugerollt.

Zitternd vor Kälte stellte ich mich mitten auf die kiesbedeckte Straße. Ich würde mein Schwert zücken und das Pferd zum Stehen bringen! Doch da entdeckte ich, daß mein Schwert verschwunden war. Ich hatte es im Wald verloren, als mir der Mantel vom Leib gerissen wurde.

Das Pferd geloppierte auf mich zu. Die Hufe klapperten. Es hob den Kopf, und seine Mähne flatterte im Wind. Es schnaubte zornig und warf den Kopf hin und her. Wie sollte ich ein Pferd in wilder Fahrt aufhalten?

Ich konnte nur noch zur Seite springen. Bevor ich auf dem Kies landete, spürte ich den Atem des Pferdes und roch seinen säuerlichen Schweiß, und seine flatternde Mähne klatschte an mir vorbei.

Ich lag auf der Straße, und das Fuhrwerk kam geradewegs auf mich zu.

Ich sah die schwarzen Stiefel des Polizeihauptmanns. Ich sah, wie einer der Polizeidiener die Peitsche hob und das Pferd antrieb. Bei seinem Versuch auszuweichen geriet der Karren ins Schlingern und die Räder kreischten auf. In Hemd, Hosen und Strümpfen lag ich auf dem Kiesweg, und die schweren Räder rollten um Haaresbreite an meinen Füßen vorbei.
Im Nu war der Karren davongerumpelt.
Ich stand auf und rief: «Vater, Vater, Vater!»
Aber ich erhielt keine Antwort. In rasender Fahrt donnerte das Fuhrwerk davon. Vater war nicht mehr da!
Jetzt war es totenstill im Wald.

«Vater, Vater, Vater!»
Ich konnte ihm nicht helfen. Nichts hatte ich auszurichten vermocht. Kein Wort hatte er mir zugerufen. Vielleicht glaubte er jetzt, ich hätte ihn im Stich gelassen?
Ich weinte bitterlich. Ringsum Stille im Wald, ich war ganz allein. Ich fror erbärmlich.
Schließlich rannte ich auf den Berg und machte mich auf die Suche nach Mantel, Stiefeln und Schwert, doch ich konnte sie nicht finden. Ich suchte und suchte. Aber es war, als hätten die Trolle sich mit meinen Sachen davongemacht.
Zuletzt humpelte ich zum Steg hinunter. Dort stand jetzt ein Wagen auf dem Kiesweg und wartete. Er mußte dort angekommen sein, während ich oben auf dem Berg suchte. Zwei Knechte waren damit beschäftigt, Vaters Kisten vom Steg zum Wagen zu schleppen. Ich versteckte mich hinter einem Stein.
Einer der Knechte setzte seine schwere Bürde ab, um zu verschnaufen. Ich sah, wie er einen Meißel aus der Tasche zog und Vaters Kiste öffnete. Zuerst wollte ich ihn anrufen, doch dann ließ ich es bleiben.
Er holte eine Flasche aus der Kiste. Die beiden Knechte entkorkten die Flasche und setzten sich hin, um zu trinken.
Alkohol! In allen Kisten war Alkohol. Vater hatte auf Bornholm Alkohol gekauft, und diesen Alkohol hatte er zum doppelten Preis verkaufen wollen.

Ich blieb so lange hinter dem Stein sitzen, bis die Knechte zu nuscheln und zu lallen begannen und sich gegenseitig vor die Brust stießen.
Meine Füße waren halb erfroren. Die Strümpfe waren naß, und die Nässe war zu Eisklumpen erstarrt.
Bedrückt humpelte ich zu Mutter nach Hause ins Schloß.

## *Siebtes Kapitel*

Mein Vater war der stärkste Mann in ganz Blekinge.
Er war ein Mann, der die Freiheit liebte. Das Meer war seine Welt. Am liebsten saß er in seinem Boot, ringsum nur vom offenen Meer umgeben.
Mein Vater war ein Mann, der das Große liebte.
«Groß ist der Mensch!» pflegte er zu sagen und sich dabei zu erheben. «Groß!»
Alles, was mein Vater machte, war groß, auch sein Aufruhr gegen das Kleinliche, Stumpfe und Laue.
Mein Vater war kein Freund der Bauern und der Dorfbewohner.

«Der Mensch soll nicht kriechen, er soll sich nicht verstecken. Der Mensch soll sich erheben», sagte mein großer Vater.
Jetzt saß er hinter einem schweren Eisentor im Gefängnis, in einem geduckten Haus aus grauem Stein mit meterdicken Mauern, ganz ohne Fenster, mit eiskaltem Fußboden und so niedriger Decke, daß er sich nicht aufrichten konnte.
Auf einer Pritsche aus groben, ungehobelten Brettern mußte er sitzen und schlafen, mit einer rasselnden Kette war er an die Mauer gefesselt.
Ob er wohl weinte? Ob mein Vater wohl jemals weinte?

Meine Mutter war die schönste Frau, die es je gab.
Sie war stark und stolz, und sie wußte, was richtig war.
Meine Mutter lachte oft. Ich erinnere mich vor allem daran, daß sie lachte. Sie legte sich die Hand in den Nakken, strich sich die Haare hoch und lachte. Ihr Lachen klang so froh und ansteckend. Und dann schüttelte sie den Kopf, daß ihr Haar wieder herabfiel. Genau diese Geste machte sie besonders oft.
Niemand lachte so viel wie Mutter. Und wie Vater. Im Dorf wurde sonst wenig gelacht.
Jetzt weinte Mutter jedoch Tränen der Hoffnungslosigkeit. Sie saß in dem kalten Rittersaal, und der Frost wuchs an den Fensterscheiben hoch.

Ich ging in unsere Speisekammer und sah nach: zehn Kartoffeln, zwei davon verfault; auf einem Regal zwei Brotkanten, die schon von Mäusen angeknabbert waren, und ein Hammelknochen, an dem nur noch ein paar Fetzen von dem guten Fleisch hingen.
Alles in allem sah ich also zehn Kartoffeln, zwei harte Brotkanten, einen nackten Hammelknochen und sonst nur leere Regale.
«Das Essen reicht nicht weit», sagte Mutter. «Und Holz für unser Feuer haben wir auch nicht. Wir haben kein Geld, um auch nur das Nötigste zu kaufen.»
«Wir können die Leute im Dorf um Hilfe bitten», schlug ich vor.
«Niemals!» antwortete Mutter. «Die helfen uns nie. Und wir werden sie nie bitten. Sie möchten sich doch nur zu gern an unserem Unglück weiden. Sie möchten sehen, daß derjenige, der sich erhöht, erniedrigt wird. Sie möchten wissen, daß derjenige, der Großes baut, in den Staub getreten wird. All jene, die immer in die Knie gegangen und gekrochen sind, würden uns niemals helfen wollen.»
«Was können wir denn tun, Mutter?»
«Wir können dafür sorgen, daß wir alleine zurechtkommen; das ist das einzige, was man immer tun kann. Was sonst könnte ich tun? Soll ich etwa betteln, soll ich stehlen? Was soll ein Mensch denn tun?» rief sie verzweifelt.

Ich sagte nichts. Ich wußte, daß sie für mich und Vater ihr Leben gegeben hätte. Aber was sollte sie jetzt tun?
«Ich kann nähen», sagte sie leise. «Ich kann in die Stadt fahren und nähen. Und ich kann nächste Woche zurückkommen und Geld für uns mitbringen.»
«Und ich kann dir helfen...»
Mutter schwieg.
Ich konnte sie nicht in die Stadt begleiten, das war unmöglich. Niemals würde die Lehrerin unseres Dorfes gestatten, daß ich einfach wegfuhr. Niemals würden die Bürgerfrauen der Stadt ein fremdes Kind in ihren Salons dulden.
Mutter schwieg. Und ich schwieg.

Mein Vater war der stärkste Mann in ganz Blekinge. Meine Mutter war die schönste Frau, die es je gab. Ich war ein bemerkenswertes Kind. Vater hatte immer gesagt, daß ich ein bemerkenswertes Kind sei und daß ein Wunder geschehen sei, als ich auf die Welt kam. Aber seither war kein Wunder mehr geschehen, seither hatte sich nichts ereignet, das gezeigt hätte, worin das Bemerkenswerte an mir eigentlich bestand.
All die vielen Geschichten, die ich von Vater gehört hatte!
Geschichten von Eltern, die nicht genügend Kraft gehabt hatten, von Häusern, die nicht fertiggebaut worden waren, und von Kindern, die diese Häuser dann zu

Ende gebaut hatten, nachdem sie groß und stark geworden waren.
Von Eltern, die in Abhängigkeit von den Mächtigen gelebt hatten, und von Kindern, die sich erhoben und das Schwert ergriffen hatten, als sie endlich erwachsen waren.
Oh, die vielen Erzählungen, die ich von Vater gehört hatte!
Von Eltern und von Kindern; von Kindern, die dort weitergemacht hatten, wo die Eltern aufgehört hatten; von Kindern, die das getan hatten, was die Eltern nicht vermocht hatten.
«All das Große, was geschieht, kann nicht von einem einzigen Mann, ja, nicht einmal von vielen Männern innerhalb einer Generation geleistet werden», hatte Vater gesagt. «Das ganze Leben ist eine lange Kette. Die Kinder müssen weitermachen und das nächste Glied der Kette bilden, all die vielen bemerkenswerten Kinder...»
«Ich weiß, daß du ein bemerkenswertes Kind bist», hatte Vater gesagt.
Nein! Ich war kein bemerkenswertes Kind! Ich war ein kleines Kind, ein schwaches Kind, und ich wollte nur noch weinen, als Mutter sagte, daß sie zum Nähen in die Stadt müsse.
Ach, all die vielen Märchen, die mir mein Vater erzählt hatte! Ich erinnere mich an ein Märchen von einem

Mann, der einen Berg sprengte und ein Meer austrank, um sein verlorenes Kind wiederzufinden. Und ich erinnere mich an ein Märchen von einem Kind, das einen ganzen Winter durchwanderte, um seinen Vater zu finden.

Und ich weiß noch, daß Vater sagte:

«Das Leben ist nicht nur das, was man sieht. Im *Inneren* des Menschen gibt es soviel mehr.»

Gab es das tatsächlich? Nein! Märchen und Geschichten!

Was für einen Wert hatten denn diese Märchen?

Glaube! Was für einen Wert hatte denn der Glaube?

Ich war kein bemerkenswertes Kind ...

«Ich kann nähen», sagte Muter. «Ich kann in die Stadt fahren und für die Bürgerfrauen nähen.»

Ich antwortete:

«Ich will, daß du in die Stadt fährst.»

Und ich dachte:

Wo soll ein Kind denn sein, wenn nicht bei den Eltern?

Ich sagte:

«Hier habe ich genug zu essen, hier gibt es genügend Feuerholz, um mich zu wärmen.»

Und ich dachte:

Wer wird mir, der ich so klein und schwach bin, wohl beistehen?

Und ich sagte:
«Fahr du ruhig in die Stadt und bring uns Geld mit, wenn du wiederkommst.»
Das sagte ich, und in meinem Inneren weinte ich.
«Aber...» wollte sie einwenden.
Ich schüttelte den Kopf.
Doch ich dachte:
Wie soll der Schwächste denn überleben?
So kam es, daß ich meine Mutter ins Dorf begleitete, wo sie von einem Fuhrwerk in die Stadt mitgenommen wurde. Es war am Abend, und ich sah den Wagen in Nebel und Dunkelheit davonrollen.
So kam es, daß ich danach zu dem Gebäude aus grauem Stein hinüberging, wo Vater gefangen saß. Ich lehnte meine Stirn an den kalten Stein, ich klopfte mit meinen Fäusten gegen die Mauer, ich klopfte mir an dem rauhen Stein die Knöchel blutig. Ich klopfte, und ich glaubte zu hören, wie Vater zurückklopfte, durch den dicken Stein hindurch glaubte ich seine Antwort zu hören.
Und ich glaubte ihn zu sehen, durch alle Mauern hindurch. Er saß mit rasselnden Ketten auf seiner groben Pritsche und verbarg das Gesicht in den Händen. Wollte er mir nicht in die Augen sehen?
Oder wollte er nur verbergen, daß er weinte? Der stärkste Mann in ganz Blekinge, gefesselt und weinend...
So ging ich denn heimwärts, heim zu unserem Schloß, das jetzt leer und öde war.

Märchen und Geschichten! Was für einen Wert konnten Märchen schon haben?
Glaube! Was für eine Macht konnte der Glaube schon haben?
Was gab es überhaupt noch auf der Welt außer dem harten Stein, dem gefrorenen Erdboden und den eiskalten Meeren?

# *Achtes Kapitel*

Ich schlief im Rittersaal. Ich zog mein kleines Bett mitten in den Raum. Aber in jener Nacht fand ich keinen Schlaf. Mein Herz klopfte so heftig, daß ich nicht auf der linken Seite liegen konnte. Ich legte mir Vaters Kissen übers Ohr und drückte so fest zu, daß ich das Blut in meinem Kopf rauschen hörte.
Die ganze Nacht lag ich wach. Ich bildete mir ein, daß immer wieder Türen aufgingen und daß ein kalter Wind durch den Saal strich. Ich bildete mir ein, daß jemand an die zugefrorenen Fensterscheiben klopfte, und überall hörte ich Schritte.

Ich dachte an Mutter.
Ein Kind lernt die besonderen Stellen am Körper seiner Mutter kennen, es lernt, mit den Fingerspitzen über die weichen, glatten Stellen zu fahren – über die Stirn, die Wangen und die kleine Mulde unterm Ohrläppchen. Wenn ich traurig war und Trost brauchte, schmiegte ich mich immer an Mutters Oberarme, die so weich waren. Oder ich durfte meine Beine und Füße auf ihren Bauch legen, etwas Weicheres gab es nicht.
Ich dachte an Mutter und fühlte mich getröstet.
Am Morgen stand ich unausgeschlafen und mit schwindligem Kopf auf. Ich öffnete die Tür zur Speisekammer – und sah mich einer Ratte gegenüber, die war so groß wie ein Ferkel.
Sie hockte auf dem Regal und hatte alles Brot aufgefressen. Sie war dick, grau und zottig und sah mich mit bösen Augen an. Ihr Körper war unförmig wie ein Klumpen Teig, ihr Rücken krumm, und der Schwanz ringelte sich wie eine lange Schlange übers Regal.
Kampfbereit duckte sie sich und zeigte mir ihre Zähne, gelbe, große, scharfe Zähne.
Ich schlug die Tür zu, lief davon und holte Holz. Das stapelte ich vor die Türritzen. Das letzte Holz mußte ich verbrauchen, um die Ratte sicher in die Speisekammer zu sperren.
Also ging ich hungrig und frierend in die Schule.
Bisher hatte ich nie zu früh in die Schule kommen wol-

len. Die anderen Kinder rannten durch den Flur, jagten und stießen und boxten sich und schlugen sich gegenseitig mit ihren Taschen auf die Köpfe. Doch jetzt fror ich zu sehr, ich mußte so schnell wie möglich in die Wärme hinein.
Ich drückte mich in einen kleinen Winkel neben einem Fenster, der gerade groß genug war, um mich zu verbergen.
Aber die großen Kinder spielten Verstecken. Ein Junge packte mich und warf mich aus meinem Winkel, weil er sich selbst dort verstecken wollte. Plötzlich stand ich ungeschützt mitten im Flur. Und als zwei Große dort um die Wette liefen, ohne mich zu sehen, stießen sie mich vor die Brust, daß ich zur Eingangstür hinübertaumelte.
Ungewollt fiel ich so ungeschickt, daß ich einem der großen Jungen dabei gegen das Bein stieß. Da wurde er wütend und drehte sich um und trat nach mir.
Ich fiel vor der großen Eingangstür in den Schmutz, schlitterte über den Steinboden und schlug mir das Gesicht an der Schwelle auf. Meine Lippe platzte auf und begann zu bluten.
Ich lag vor der Tür, weinte und sog an meiner Lippe, die süß nach Blut und salzig nach Tränen schmeckte.
Als die erste Stunde begann, kam die Lehrerin zu mir. Ihre Augen sahen traurig und enttäuscht aus. Ihre dünnen Haare waren grau, ihr Gesicht war blaß. Sie sagte:

«Pfui, wie schmutzig du bist! Ganz schmutzig und die Kleider in Fetzen. Schaut deine Mutter denn nicht nach dir?»
Ich sagte nichts. Meine Lippe war jetzt angeschwollen.
«Pfui, was bist du für ein armes Wurm!» sagte die Lehrerin mit leiser Stimme.

In der Schule war ich der Winzling, und der Dummkopf war ich auch. In der ersten Stunde schlief ich ein, mitten während des Gebets, als wir alle die Augen schließen und die Hände falten sollten. In der zweiten Stunde hatte ich vergessen, wie man Zahlen zusammenzählt. Und in der dritten Stunde mußte ich in der Ecke stehen.
Die anderen Kinder lachten über mich, und um die Situation zu retten, schnitt ich hinterm Rücken der Lehrerin Fratzen und Grimassen. Da lachten die Kinder noch mehr und fanden mich lustig.
In der Pause hatte ich nichts zu essen, und ich bekam auch nichts.
In der nächsten Stunde hatten wir Religion.
«Was ist die Heilige Dreifaltigkeit?» fragte die Lehrerin.
«Der Vater», antwortete einer.
«Der Sohn», wußte ein anderer.
Und dann ging die Frage an mich.
Doch davon hatte ich noch nie etwas gehört. Der Vater, der Sohn und ...?

«Die Mutter», sagte ich.
Die ganze Klasse lachte, ja, sie glaubten alle, daß ich absichtlich lustig sein wollte.
«Armes Kind!» sagte die Lehrerin. «Was ist denn mit dir los?»
«Nichts!» antwortete ich.
«Hast du denn jemand, der nach dir schaut?»
Ich nickte.
«Bekommst du genügend zu essen? Du bist ja so verschwindend klein! Ißt du etwas?»
Ich antwortete nicht.
Und die Lehrerin seufzte und ging wieder an ihr Katheder. Die Klasse schaute mich erwartungsvoll an.
Als die Lehrerin mir den Rücken zuwandte, hob ich den Pultdeckel und tat so, als knabbere ich am Holz wie ein ängstliches Mäuschen. Alle lachten.
«Der Vater, der Sohn und der Heilige Geist!» sagte die Lehrerin streng.
Und die restliche Stunde mußte ich wieder in der Ecke verbringen, mit einer Eselsmütze auf dem Kopf.

Am Nachmittag ritt ich auf meinen Löwen, aufs Meer hinaus, zu den fremden Ländern, wo süße Früchte an den Bäumen wuchsen und lachende Frauen schwellendes, braungebackenes Brot aus den Backöfen holten.
Die Nacht verbrachte ich wieder im Rittersaal. Mein Magen knurrte, mein Herz klopfte, und unter dem Kis-

sen, das ich mir übers Ohr gelegt hatte, rauschte das Blut in meinem Kopf. Schritte huschten über den Boden, die Ratte zeterte wütend in der Speisekammer, Türen gingen auf, und kalter Wind strich durch den Saal. Aber schließlich schlief ich doch ein, erschöpft und matt.

Und im Schlaf kam Vater in einem Traum zu mir:

«Mein lieber kleiner Junge», sagte er zu mir. «Eines Tages wirst du dich erheben und all die großen Dinge tun, die nur dir vorbehalten sind.»

«Aber Vater, Vater, was soll ich denn tun? Ich habe Hunger, ich friere so sehr, und alle sind böse zu mir. Vater! Hilf mir!»

«Du bist ein bemerkenswertes Kind.»

«Nein, ich bin kein bemerkenswertes Kind», widersprach ich weinend.

«Du bist ein bemerkenswertes Kind», fuhr er ruhig fort, «und eines Tages werden das alle einsehen. Doch bis zu diesem Tag bleibst du der Kleinste und Schwächste. Du wirst deine Kraft benützen...»

«Kraft? Ich habe keine Kraft, Vater.»

«Jeder Mensch hat eine mächtige Kraft. Im Menschen leben mächtigere Kräfte, als du für möglich hältst. Die Getretenen, die Schwachen und die Hungrigen haben die mächtigste Kraft!»

Dann wachte ich auf. Draußen war es schon hell. Ich rannte in die Schule. Ich spürte eine große Leichtigkeit in mir und hatte gar keine Angst. Weder vor der Lehrerin, obwohl ich eine Stunde zu spät kam, noch vor den größeren Kindern, obwohl ich der Kleinste von allen war.

Vaters Worte von der mächtigen Kraft hallten mir immer noch im Ohr, als ich in die Schule kam. Die Lehrerin prüfte die Klasse gerade schriftlich in biblischer Geschichte. Streng stand sie am Katheder und las der Klasse die Fragen vor. Und alle Kinder schrieben die Antworten eifrig auf ihre Papierbögen.

Als ich mich an meinen Platz setzte, stellte sie gerade die Frage Nummer sechs. Es ging um einen Mann, der viele Söhne hatte. Ich hörte nicht, wie der Mann hieß, aber die Frage galt den Namen seiner Kinder. Ich wußte keinen einzigen Namen und schrieb daher nichts.

Mit jeder weiteren Frage erging es mir genauso. Von biblischer Geschichte verstand ich nichts. Als die Lehrerin bei der letzten Frage angelangt war, lag mein Bogen Papier immer noch weiß und unbeschrieben vor mir. Ich war verzweifelt. Was würde die Lehrerin sagen, wenn ich keine einzige Frage beantworten konnte!

Ich kniff die Augen fest zu.

Und ich dachte:

Die Kraft! Was ist das für eine Kraft, die die Getretenen haben?

Als ich die Augen wieder öffnete, sah ich erstaunt auf mein Papier. Jetzt war es nicht mehr weiß, jetzt war es

vollgeschrieben, alle Fragen der Lehrerin waren beantwortet, von eins bis zwölf.
Unter der Frage Nummer sechs standen die Namen sämtlicher Kinder, obwohl ich sie selbst nicht wußte. Und auch die Antwort auf die Frage Nummer eins stand da, obwohl ich nicht einmal die Frage kannte. Und die Handschrift war sauber und schön, schöner als ich je hätte schreiben können.
Die Kraft?
Was war das für eine ungewöhnliche Kraft, die Fragen beantworten konnte, obwohl ich die Fragen nicht einmal gehört hatte? Und die meine Hand schöner schreiben ließ, als ich es eigentlich konnte?
Die Lehrerin ging durch das Klassenzimmer und sammelte die Bögen ein. Sie warf auf jeden Bogen einen Blick, bevor sie ihn auf den Stapel legte.
Als sie mein Papier in die Hand nahm, blieb sie erstaunt stehen. Dann wurde sie zornig, zerriß den Bogen und zog mich am Ohr. Sie zerrte mich aus der Bank und sagte streng:
«Du hast abgeschrieben! Pfui!»
Damit führte sie mich in den Flur hinaus und schloß die Tür wieder hinter sich.
Ich versteckte mich in dem kleinen Winkel neben dem Gangfenster, für den Fall, daß eines der größeren Kinder vorbeikäme und mich schlagen wollte, weil es nichts anderes zu tun hatte.

Was war das nur für eine ungewöhnliche Kraft?
Ich verstand gar nichts.
Aber natürlich hatte die Lehrerin annehmen müssen, daß ich abgeschrieben hatte, das war mir klar.
Ich verzieh ihr, wie hätte sie auch etwas anderes glauben können?
Dann blieb ich den ganzen Vormittag im Winkel stehen. In der Mittagspause saßen die Kinder im Flur, aßen ihre Butterbrote und tranken ihre Milch. Ich blieb in meinem Versteck stehen, zu essen hatte ich ja doch nichts.
Ich schloß die Augen und dachte an jene seltsame Kraft. Und bevor ich die Augen wieder aufgemacht hatte, spürte ich, daß ich jetzt etwas in der Hand hielt. Es war ein Butterbrot. Ein großes Stück Brot, mit gelber Butter bestrichen und mit dicken Schinkenscheiben belegt.
Die Kraft?
Aber ich kam nicht einmal dazu, in das Brot zu beißen, als schon ein Mädchen neben mir schrie, ich hätte ihr Brot weggenommen! Und die Lehrerin war sofort zur Stelle und nahm mir das Brot aus der Hand. Sie sah mich scharf an.
«Bist du ein Dieb?» fragte sie.
Ich antwortete nicht.
«Bekommst du daheim nichts zu essen?»
Ich antwortete nicht.
«Was ist denn mit dir los, du armes Kind?»

Ich drückte mich noch tiefer in den Winkel und wartete darauf, daß sie mich schlagen würde, doch sie schlug mich nicht.
Sie seufzte nur und gab mir bald darauf eine Scheibe Brot aus ihrer eigenen Tasche.
Das war das einzige, was ich an jenem Tag zu essen bekam.

Am Nachmittag ritt ich auf meinen Löwen hinaus in die fernen Länder. Ich ritt weit weg, durch eine Wüste und in einen Dschungel. Da hörte ich unsere Katze miauen. Die arme Katze, sie war ganz mager, und ihr Bauch war eingefallen.
«Du arme Katze», sagte ich. «Ich muß dir Futter geben, so kann es nicht weitergehen!»
Die Katze strich um meine Beine und begleitete mich zum Bootsschuppen hinunter.
Am Steg lag unser Boot, festgefroren im Eis. Die Ruderbänke waren verschneit, und aus dem Weiß schaute nur ein Stück des einen Ruderblatts heraus. Die Segel waren zu einem eisigen Klumpen zusammengerollt. Das Steuerruder war unter einem Schneehaufen verborgen.
Hinterm Bootsschuppen bewahrte Vater die Fischnetze auf. An der roten Wand aus schiefen Holzlatten hingen Zugnetze, Leinen, Reusen und Kescher. Alles war steifgefroren, und die vereisten Garne krachten, als ich sie von den Wandhaken zu heben versuchte.

Unter einer Bank standen Aalkörbe und Kästen mit Hunderten von Haken.
Die Katze miaute und lief um meine Beine.
Aber wie soll man fischen, wenn das Boot festliegt und das Meer zugefroren ist? Und wie soll der Kabeljau anbeißen, wenn man nicht einmal ein paar Heringsstückchen als Köder hat?
«Nein, Kätzchen, das hat keinen Sinn...»
Düster gingen wir wieder zum Haus hinauf.
Plötzlich erblickte ich zwei Gestalten, die den Pfad entlanggestapft kamen. Sie gingen aufs Schloß zu. Ich versteckte mich rasch hinter den Löwen.
Es waren die Lehrerin und der Pfarrer. Ich lief in den Rittersaal. Aber wo sollte ich mich verstecken? Ich lief zu der blauen Tür hinüber, die zum Turm führte, doch dahinter lag so viel Schnee, daß ich sie nicht aufzuschieben vermochte.
Ich hörte, wie das Schloßtor aufging. Der Pfarrer und die Lehrerin traten in die Vorhalle.

# *Neuntes Kapitel*

Nirgends konnte ich mich verstecken, nirgends konnte ich mich verkriechen. Ich preßte mich zwischen zwei Fenstern an die eine Längswand.
Als ich jetzt wieder an die große Kraft dachte, war es, als verschwände ich. Ich blickte auf meine Hände hinab, aber meine Hände waren nicht zu sehen. Für die Welt war ich verschwunden, durchsichtig, unsichtbar.
Die Lehrerin trat in den Rittersaal und sagte:
«Der Kleine hat es schwer, klein und häßlich wie er ist, und das Wissen will einfach nicht in seinen Kopf. Und wenn es nun einmal so um seine Eltern bestellt ist, müs-

sen wir als Christenmenschen dem armen Kind doch wohl helfen.»

Das sagte sie mit einem Seufzer und ganz ohne Gefühl.

Alles, was die Lehrerin tat, geschah aus Pflicht, so als gäbe es keine Freude.

«Das sind keine guten Eltern. Der Vater sitzt im Gefängnis», sagte der Pfarrer. «Und wo ist die Mutter?»

Fröstelnd vor Kälte gingen sie durch den Saal. Die Lehrerin öffnete die Tür zur Speisekammer. Als sie die Ratte erblickte, schrie sie auf und schlug die Tür zu. Der Pfarrer faltete die Hände und murmelte ein Gebet.

Unser Pfarrer sah zwar streng aus, war es aber vielleicht doch nicht so sehr. Er war ein ernster Mann mit ständig herabgezogenen Mundwinkeln und mit einem faltigen Hautsack unterm Kinn.

«Wir müssen dem armen Knaben helfen», sagte er.

«Der Junge betrügt und stiehlt», sagte die Lehrerin. «Und er will sich nicht an die Wahrheit halten. Mir hat er erzählt, daß er eine Kraft besitze, die ihm zu essen gebe...»

«Ach, der arme Knabe. Sein Vater ist ja allerdings ein aufsässiger Mensch, der seinen Kopf weder vor Gott noch vor der Obrigkeit beugen will.»

Jetzt standen sie direkt vor mir. Ich blickte auf meine Hände, konnte aber nur die holprigen Steine des Fußbodens sehen.

Die Lehrerin sagte:
«Armes Kind, wo ist deine Mutter?»
Ich war unsichtbar! Ich war durchsichtig! Sie konnten mich nicht sehen, sie versuchten mich nur zu täuschen...
«Weißt du, wo deine Mutter ist, kleiner Knabe?» fragte der Pfarrer.
Ich war durchsichtig! Ich war unsichtbar! Mich würden sie nicht dazu bringen, etwas zu sagen.
Sie blieben lange und versuchten mich einzufangen und mit ihren Blicken zu umgarnen, aber ich sagte keinen Ton.
Der Pfarrer seufzte:
«Wir müssen es sorgfältig erwägen, wir müssen überlegen, was getan werden soll.»
Und damit gingen sie wieder.

Am folgenden Tag kam der Pfarrer nachmittags ins Klassenzimmer. Er ging direkt auf mich zu, ich hatte gar keine Zeit, mich zu verstecken. Der Pfarrer lächelte freundlich, und als ich aufstand, legte er seine Hand auf meine Schulter und führte mich hinaus.
Ohne ein Wort gingen wir aus der Schule, und als ich stehenbleiben und zurücklaufen wollte, nahm er mich am Arm.
«Hab keine Angst, fürchte dich nicht, mein Junge.»
Wir folgten der Landstraße zum zweiten Dorf, wo der

Schnee schwarz war vom Ruß. Ich fror, und als der Pfarrer das sah, sagte er:
«Ich werde dir wärmere Sachen besorgen. Bestimmt gibt es jemanden, dessen kleine Kinder aus ihren Kleidern herausgewachsen sind...»
Wir näherten uns der Gießerei mit dem hohen Schornstein, aus dem Rauch herausquoll. Ich hörte ein Rasseln und Dröhnen. Wir gingen durchs Dorf, wo sich die grauen Häuser in geraden Reihen nebeneinander duckten.
Als wir stehenblieben, um zu verschnaufen, lugte ich verstohlen durch ein schmutziges Fenster.
Dort drinnen sah ich zwei einsame kleine Kinder. Sie waren an einem Pfosten festgebunden und liefen an ihren Leinen immer im Kreis herum.
In diesem Dorf arbeiteten sowohl die Männer als auch die Frauen. Die Kinder mußten tagsüber allein bleiben, und sie wurden an Pfosten gebunden, damit sie nicht die Kellertreppe hinunterfielen oder sich am Herd verletzten.
In diesem Dorf bestimmte die Gießerei, wann die Leute aufwachen oder zu Bett gehen sollten und wann sie im Herd Feuer machen sollten, um ihr Essen zu bereiten.
In diesem Dorf herrschte die Gießerei, hier hatte niemand Zeit zum Fischen, ein Stück Land, um Kartoffeln darauf anzubauen, oder gar genügend Kraft, um sich seiner eigenen Kinder anzunehmen.

Wir gingen mitten durchs Dorf. Ein hungriger Hund folgte uns und schnupperte an unseren Fersen. Der Schnee war ein einziger schwarzer Matsch. Ich hörte Kinder weinen und nach ihrer Mutter rufen. Ein paar Kinder in meinem Alter schielten um eine Hausecke und bewarfen uns mit Steinen.

Aus der Gießerei drang Lärm, und aus den Schornsteinen quoll Rauch. Der Pfarrer führte mich ins Kontor der Gießerei, wo man sich erst unterhalten konnte, nachdem man die Tür zugemacht und das Dröhnen und Rasseln ausgesperrt hatte.

Im Kontor saßen zwei Männer und führten die Bücher. Sie hockten auf hohen Stühlen und hatten Augenschirme und schwarze Ärmelschoner, damit ihre weißen Manschetten keine Tintenflecke bekamen. Als wir hereinkamen, sahen sie nicht auf, sondern fuhren eifrig mit ihrer Arbeit fort und murmelten lange Zahlenreihen vor sich hin.

Wir gingen an ihnen vorbei in ein inneres Kontor. Hinter einem großen Tisch saß der Gießereimeister, der Besitzer persönlich, und rauchte Pfeife. Als wir eintraten, sammelte er gerade viele Scheine zu Bündeln und legte sie in einen Geldschrank. Der Gießereimeister war ein riesiger Mann mit buschigen schwarzen Haaren.

«Hier ist der Junge, von dem ich sprach», sagte der Pfarrer. «Wenn Sie ihm einen Schlafplatz und etwas zu essen geben, ist das eine christliche Tat. Bestimmt haben Sie auch eine passende Arbeit für ihn.»

Der gewaltige Mann durchbohrte mich mit seinem Blick und knurrte:

«So ein kleiner Hosenscheißer.»

«Es ist unsere christliche Pflicht», sagte der Pfarrer. «Kein Kind sollte gezwungen sein zu stehlen, um satt zu werden...»

«Trotzdem ist er ein kümmerlicher kleiner Hosenscheißer», unterbrach ihn der Gießereimeister.

Er erhob sich, und sein Körper war wie ein Sack voller Kohle, die Arme waren wie Baumstämme und die Hände behaart und unförmig.

«Seien Sie wie ein Vater zu dem Knaben», sagte der Pfarrer, «denn er hat keinen Vater.»

«Für die Gießerei kann ich immer Leute brauchen. Und für irgendwas wird er wohl gut sein», brummte der Meister, nahm mich am Kragen und schleppte mich hinaus in die Gießerei.

Mitten in der Gießerei stand der Ofen. Er wurde mit Kohlen gefüllt, die Schiffe aus fremden Ländern herbeibefördert hatten, und mit Eisen, das aus dem Norden kam.

Auf dem Boden lagen fertige Gußstücke im Sand, Räder, Naben und Anker, die noch schwach glühten. Alles wurde in Kisten verstaut, die auf wartende Schiffe verla-

den wurden und über die Meere wieder in fremde Länder verschwanden.
Ich fürchtete mich vor dem Ofen, der Funken sprühte und dröhnte, und vor den winzigen Eisenteilchen, die wie Flöhe umherstoben.
«Hier ist es warm», brüllte der Gießereimeister. «Du wolltest doch in die Wärme kommen, oder!»
Ich war mit ihm allein, der Pfarrer hatte mich inzwischen verlassen.
Hier wollte ich nicht sein, ich wollte sofort wieder nach Hause laufen. Ich wollte bei meiner Mutter und meinem Vater sein!
Ich dachte an sie, ich versuchte so fest an sie zu denken, daß alles andere verschwand, daß alles, was die Augen sahen, sachte hinwegdämmerte und das Dröhnen in der Gießerei nur zu einem schwachen Murmeln wurde.
Ich erwachte wieder davon, daß der riesige Mann mich schüttelte.
«Hast du mir nicht zugehört, du Knirps!» fauchte er. «Was soll ich mit dir anfangen? Weißt du jetzt, was du zu tun hast?»
«Nein», piepste ich.
«Irgend etwas mußt du tun! Glaub nur nicht, daß du einfach herkommen und ganz umsonst hier leben kannst.»
Er schüttelte mich und zog mich zum Ofen hin.

Die Hitze schlug mir entgegen und brannte mir in den Augen.
Hier in der Gießerei mußte sich alles nach dem Ofen richten, der Ofen war die Mitte der Welt.
Der Ofen verlangte nach Hitze, und schwarze Arbeiter schaufelten Kohle in Körbe, luden sie sich auf den Rükken, kletterten eine wacklige Treppe hinauf und leerten ihre Kohlen in das glühende Loch. Und der Ofen schrie nach noch mehr Kohlen.
Der Ofen verlangte Eisen, und er verlangte Arbeiter mit kräftigen Armen und Rücken wie aus Eichenplanken, die spielend eine Kiepe volladen und hinaufhieven konnten, mit Ruck und Zuck, mit kraftvollen Armen und knackendem Rückgrat. Und der Ofen verschlang alles und schrie nach mehr.
Wenn der Ofen voll war, eilte der Heizer mit verbranntem Gesicht und weggesengten Augenbrauen herbei, stieß den Stopfen mit einem Spieß weg und ließ zuerst die zähe, funkelnde Schlacke heraus, die sich wie ein unförmiger Troll breitmachte. Und danach strömte das heiße Eisen heraus und brannte und stach dem Heizer auf der Haut.
Unterhalb des Ofens standen noch weitere Arbeiter. Ihre nackten Oberkörper waren von Brandwunden übersät. Sie warteten auf das flüssige Eisen, fingen es in Gußpfannen auf und füllten es in Gußformen.
An der einen Wand arbeiteten mehrere Frauen mit ge-

beugten Rücken. Sie preßten Sand und bauten Formen auf, ständig neue Formen; rasch und sorgfältig mußte das geschehen.
Und wieder andere Arbeiter, die vor Atemnot husteten und ächzten, zerschlugen die gefüllten Formen und zogen die glühenden Gußstücke heraus. Alles mußte schnell gehen.
Ich wollte fort von hier.
Mutter! Vater!
Mitten in der Gießerei, neben dem Ofen, stand der Gießereimeister. Mit seinen schwarzen Haaren und den dicken Armen sah er wie ein Riese aus. Er lachte und hielt mich am Kragen fest.
Jetzt heulte die Sirene, der Tag war zu Ende. Langsam und humpelnd begannen sich die müden, angesengten Männer und Frauen heimwärts zu bewegen. Mit lautem Krachen floß die letzte Ladung aus dem Ofen. Der Heizer stocherte den Boden des Ofens sauber, Kohlen und Eisenstücke rasselten heraus, fielen auf den Schlacken-Troll und ließen ihn zusammenbrechen.
«Hier kannst du schlafen», sagte der Riese. «Wo du willst! Aber bevor du dich zum Schlafen verkriechst, mußt du fünfzig Körbe voller Kohle in den Ofen füllen. Mit irgendwas wirst du ja wohl bezahlen können! Wer kein Geld hat, muß eben ziehen und schleppen.»
Er gab mir einen Korb. Dann ging er, und ich war allein in der Gießerei.

Ich füllte den Korb mit schwarzen Kohlestücken, konnte ihn aber dann nicht einmal von der Stelle bewegen. Also leerte ich ihn wieder und legte nur ein paar Kohlen hinein, aber ich konnte ihn dennoch nicht pakken und mir auf den Rücken schwingen, wie ich es bei den Kohlenträgern gesehen hatte.

Schluchzend nahm ich große Kohlestücke in die Arme, lief die wacklige Treppe hinauf und warf die Kohlen in den Ofen. Sie prallten wie Kieselsteine unten auf dem Boden des Ofens auf. Unersättlich war dieser Ofen, und ich war schwach und klein.

Ich eilte die Treppe hinauf und wieder hinunter, unzählige Male, und meine Müdigkeit wurde immer größer. Ganz gleich, wieviel ich auffüllte, dem Ofen war es nicht anzumerken. Fünfzig Körbe voll – dazu würde ich Tage und Wochen brauchen. Meine Arme und Beine und mein Rücken fühlten sich an, als bestünden sie aus dünnen Stoffetzen.

Schließlich war ich so erschöpft, daß ich in einem Haufen aus schwarzem Gußsand zusammensank. Vor lauter Erschöpfung schlief ich sofort ein.

Mitten in der Nacht wachte ich auf. Ich fror fürchterlich. Vor dem Ofen lagen die letzten Gußblöcke und glühten noch schwach vor sich hin. Sie lagen in einem Kreis, und als ich einen Hammer nahm und auf sie einschlug, platzte die oberste Schicht ab, so daß sie rot vor Hitze dalagen.

Ich leerte ein paar Eimer Sand in die Mitte des Kreises, legte mich auf die weiche Unterlage und schlief erneut ein.
Ich schlief und träumte von Vater und Mutter und unserem Boot *Fahrender Wind*, das über ein warmes, grünes Meer dahinglitt.
Ich hatte keine Angst mehr. Ich schlief ruhig und hatte schöne Träume.

# *Zehntes Kapitel*

Die Sirene heulte, und ich wachte auf. Ich erschrak. Ich hätte viel früher aufstehen müssen, um den Ofen rechtzeitig mit Kohlen zu füllen.
Ich lag auf dem schwarzen Sand. Die Gußblöcke glühten immer noch. Rings um mich herum standen Arbeiter und sahen mich verwundert an.
Einer bemerkte zu einem anderen:
«Der Junge war so schön, wir brachten es nicht übers Herz, ihn zu wecken.»
Ein zweiter sagte: «Ich habe noch nie einen so schönen Jungen gesehen.»

Ein dritter brummte:
«Jetzt wird der Alte wütend. Heute wird's nichts zu lachen geben...»
Mir war klar, warum: Die Sirene hatte schon geheult, aber der Ofen war immer noch kalt und leer.
«Der Alte hat eine schwere Hand, die er gern benützt. Sieh dich vor, mein Kind!»
Ich stand auf und trat aus dem Kreis aus Eisen.
«Hier, nimm ein Stück Brot!» sagte ein Arbeiter mit gekrümmtem Rücken.
«Lauf jetzt schnell in die Schule», sagte ein anderer, der auf einem verletzten Bein humpelte.
«Komm niemals wieder hierher», sagte eine Frau in zerlumpten Kleidern. «Versprich, daß du nie wieder in dieses Dorf kommst!»
«Der Alte hat eine schwere Hand. Mich hat er gelb und blau geschlagen», sagte ein Mann mit schiefem Hals und schwarzgesprenkeltem Gesicht. «Er schlägt härter als sonst jemand.»
Ich bekam einen Krug voll Wasser und trank.
«Aber die Kohlen? Ich muß...»
«Das ist jetzt zu spät, mein Junge», sagte die Frau.
«Jetzt kann nichts mehr den Alten aufhalten.»
In diesem Augenblick hörte ich eine dröhnende Stimme durch die Gießerei hallen.
«Verflucht noch mal! Warum steht der Ofen? Zum Teufel auch!»

Die Arbeiter bildeten eine Mauer um mich, und die Frau nahm mich an der Hand und führte mich hinaus, bevor der Gießereibesitzer mich erblickt hatte.
Ich lief durch den Schnee. Und als ich bereits weit weg war, konnte ich noch zorniges Gebrüll und entsetzliches Fluchen aus der Gießerei hören.
Kurz vor der Schule sank ich erschöpft in den Schnee und begann jämmerlich zu weinen.
«Vater! Vater! Vater!» schluchzte ich. «Du mußt mir helfen! Ich kann nicht mehr...»

Als ich so dalag und weinte, hörte ich aufgebrachte Stimmen, das Schrillen von Trillerpfeifen und bald auch das Dröhnen einer Kirchenglocke.
Benommen und matt stand ich auf und begann aufs Dorf zuzugehen.
Was sollte ich tun? Ich wollte in die Stadt laufen und meine Mutter suchen, doch wie sollte ich sie finden? Sie saß in irgendeinem Bürgerhaus und nähte, aber in welchem? Und Vater lag in Eisen gekettet hinter dreifachen Steinmauern, er konnte auch nichts tun.
«Haltet ihn!»
Jetzt erklangen Rufe aus dem Dorf, irgend etwas war vorgefallen.
Ich rannte, so schnell ich konnte.
Neben der Schule drängte sich eine Menschenansammlung vor dem Gefängnis.

Ich schlüpfte zwischen den Beinen der Zuschauer nach vorn. Und dann sah ich, was sie alle anstarrten.
In der Gefängnismauer war ein großes Loch. Dicke graue Steine lagen auf dem Platz davor. Der Kerker selbst war leer.
Der Polizeihauptmann rannte hin und her und pfiff auf seiner Trillerpfeife, und seine Nase war rot wie ein Apfel. Seine Polizeidiener schrien:
«Haltet ihn! Haltet ihn!»
Der Küster läutete die Kirchenglocke.
Die Leute schnatterten wild durcheinander.
«Er ist einfach durch die Mauer gegangen!» sagte einer.

«Er ist einfach durch eine dreifache Steinmauer gegangen», sagte ein anderer.
«Er hat sich seine Fesseln vom Leib gerissen, obwohl sie aus purem Eisen waren! Er ist stark wie ein Roß», sagte ein dritter.
«Er ist *stärker* als ein Roß!» rief jemand aus der Menschenmasse. «Er ist der allerstärkste Mann weit und breit!»
Ich blieb nicht stehen, sondern drängte mich durch die Beine der Menschen nach hinten und eilte zu unserem Steg hinunter. Ich stolperte und rannte und war von jubelnder Freude erfüllt. Alle Müdigkeit war wie weggeblasen.
Vater war frei!
Als ich ihn gerufen hatte, als ich ihn gebeten hatte, mir zu Hilfe zu kommen, hatten keine Eisen ihn festhalten und keine Mauern ihn hindern können.
Vater war frei! Ich sah seine Spuren im Schnee.
Warum liefen die Polizeidiener nicht hinter ihm her? Warum schrien sie nur? Warum kam der Polizeihauptmann nicht angerannt, warum pfiff er nur? Ha! Sie hatten jämmerliche Angst vor meinem starken Vater! Seine Tat hatte sie gelähmt! Ich war so glücklich.
Doch als ich an den Steg kam, wurde ich um so verzweifelter. *Fahrender Wind* war nämlich verschwunden, und eine Rinne im Eis zeigte, daß das Boot aufs Meer hinausgesteuert war.

Ich weinte und sank in den Schnee.
«Vater! Warum läßt du mich allein?» schluchzte ich. «Vater! Vater!»
Es war eisig kalt, rasch überzog neues Eis die Rinne, und ich zitterte am ganzen Leib vor Kälte.
Ich lag im Schnee und wollte sterben. Bald darauf kam der Polizeihauptmann mit seinen Polizeidienern angefahren. Ich bekam zwei Ohrfeigen, und die Polizisten schrien, ich habe meinem Vater bei der Flucht geholfen.
Dann schleppten sie mich wieder ins Dorf zurück.

Den ganzen Tag verbrachte ich wie üblich in der Schule. Aber heute brauchte ich nicht wegen Unaufmerksamkeit in der Ecke zu stehen. Die Lehrerin übersah mich einfach, als ich nicht so rechnen und schreiben konnte, wie sie es erwartete.
Doch die großen Kinder schlugen mich und traten nach mir, als ich ihnen im Flur nicht schnell genug aus dem Weg ging.
Was sollte ich tun?
Vater war in ein fremdes Land gesegelt, und mich hatte er zurückgelassen. Und Mutter war in der Stadt. Würde sie je wieder nach Hause kommen?
In meiner Verzweiflung fiel mir der Pfarrer ein. Der Pfarrer war freundlich. Zu ihm konnte ich mit meinen Sorgen gehen. Er kam oft in die Schule und sprach zu

den Schülern. Auch wenn ich nicht alles verstand, fand ich doch, daß er schön sprach.
Gleich nach der Schule würde ich den Pfarrer aufsuchen. Wenn er erfuhr, wie es wirklich in der Gießerei zuging, würde er mich nie mehr dorthin schicken.
Doch nach der letzten Stunde stand der Schreiber aus dem Kontor der Gießerei draußen im Flur und wartete auf mich. Er hatte einen hohen weißen Kragen und konnte seinen Kopf deswegen nicht seitwärts bewegen. Seine graue Hose hatte scharfe Bügelfalten. Regungslos wie ein Reiher stand er da und wartete auf mich. Ohne eine Miene zu verziehen, packte er mich am Arm und zog mich mit sich.
Vergebens versuchte ich mich loszureißen. Die ganze Zeit sagte er kein einziges Wort. Ab und zu seufzte er, seine Galoschen waren nämlich nicht hoch genug und ließen Schnee herein.
Als wir uns der Gießerei näherten, begann er plötzlich zu reden. Ganz leise sagte er etwas, und zuerst verstand ich gar nicht, daß es an mich gerichtet war.
«Undankbares Kind! Ihn so zu enttäuschen! Macht man doch nicht!»
Ich antwortete nicht. Was sollte ich schon sagen?
«Undankbar! Undankbar! Man muß doch auch selbst was tun! Ungehorsam nennt man das! Einfach alles haben wollen ohne die geringste Mühe! Undankbar!»
Er schob das Tor zur Gießerei auf, wo es schlimmer

dröhnte denn je. Die Arbeiter schufteten fieberhaft. Das Eisen schoß in einem gelben Strahl aus dem Ofen. Die Kohlenträger hasteten die Treppe hinauf und hinab, und die Frauen standen über ihre Formen gebeugt und preßten den feuchten Sand.

Neben dem Ofen stand der Gießereimeister mit seinen schwarzen Haaren, die dicken Arme über der Brust verschränkt. Als ich ihn erblickte, begann es in mir zu kribbeln, als hätte ich Ameisen auf dem Rücken und im Nacken. Ich stieß einen jämmerlichen Klagelaut aus.

Er entdeckte mich.

«Ha!» rief er und kam mit großen Schritten auf mich zu.

Ich kniff die Augen zu und erwartete, daß er mich erschlagen würde.

Doch nichts geschah.

Als ich die Augen wieder öffnete, stand eine kleine, dünne Frau schützend vor mir.

Wie ein Blatt im Wind erschien sie vor dem Riesen. Aber sie beschützte mich und sagte mit ruhiger, leiser Stimme:

«Wenn Sie den Jungen schlagen wollen, gnädiger Herr, müssen Sie vorher mich erschlagen.»

Und der Riese mit den gewaltigen Armen und den schwarzen Haaren verlor die Fassung. Er blickte verwirrt zur Seite, schnaubte und brummte dann vor sich hin:

«Heute abend muß er den Ofen füllen. Und wenn er

nicht gehorcht, wird mich nichts daran hindern, ihn kurz und klein zu schlagen!»

Darauf ging er an seinen Platz neben dem Ofen zurück.

Den Arbeitern warf er saure Blicke zu, damit sie alles wieder einholten, was sie am Morgen versäumt hatten.

Die kleine, dünne Frau hinkte zu ihren Gußformen zurück.

Der Schreiber ließ meinen Arm los und wischte sich die Hand ab.

# *Elftes Kapitel*

Der Kohlenberg war unendlich groß und der Ofen unersättlich. Als ich am Abend allein gelassen wurde, begann ich zu schleppen. Allerdings war ich schon müde, als ich anfing, ohne Kraft und Lust.
Die Kohlestücke waren schwer wie Eisen, hatten aber eine schöne, glänzende Oberfläche, samtig glatt wie die Wangen meiner Mutter.
Ich schleppte und schleppte und vermochte bald keinen einzigen Schritt mehr zu tun. Das Eisen, das aus dem Ofen gescharrt worden war, glühte auf dem dunklen Boden. Die Glut spiegelte sich in der schwarzen Kohle.

Ich war so müde, daß ich mich in den Kohlenhaufen legte. Die Kohlestücke waren glatt und weich, und ich träumte, ich läge geborgen in den Armen meiner Eltern. Dann schlief ich ein.
Als ich aufwachte, war alles bereits zu spät.
Die Tür wurde zugeschlagen, und ich fuhr hoch. Schritte kamen näher. Müde war ich nicht mehr, aber ich hatte einen schweren Kopf, als hätte ich lang geschlafen.
Noch war es dunkel. War es schon Morgen?
Ich schlüpfte hinter den Ofen, der immer noch lauwarm war. Meine Hände waren schwarz von Ruß.
Ich lugte hinter dem Ofen vor und sah den Gießereimeister angestiefelt kommen. Er hatte zwei Knechte dabei.
Er lief die wacklige Treppe hinauf und spähte in den Ofen. Einen Augenblick lang war es still. Dann brüllte er:
«Der Bengel gehorcht mir nicht! Der Ofen ist leer!»
Er stürzte die Treppe wieder herunter.
«Sucht mir das Bürschchen!» befahl er seinen Knechten. «Überall, in jedem Winkel! In jedem Loch, jeder Ecke und jedem Versteck. Jagt ihn heraus, scheucht ihn hervor, tragt oder zerrt ihn zu mir her!»
Ich preßte mich in die kleine Abflußöffnung hinein, aus der sonst das Eisen herausströmte. Dort war es heiß, und ich verbrannte mir den Rücken.

Ich war klein und ich weinte, und da, wo ich saß, war es brennend heiß.
Ich hörte die Knechte herumrumoren, nach leeren Körben treten, Deckel hochheben und leere Fässer beiseite wälzen.
«Er kann doch nichts dafür, daß er so klein ist», sagte einer der Knechte leise.
«Ich werde ihn verprügeln! Sucht!!»
«Aber er kann noch nichts dafür, daß er zu schwach ist», sagte der zweite Knecht.
Der Gießereimeister verschränkte die Arme vor der Brust und erwiderte ganz leise:
«Daß er klein ist, das sehe ich selbst! Und daß er schwach ist, sehe ich auch selbst! Das ist es nicht! Aber er gehorcht nicht! Er will sich mir nicht fügen, das sehe ich ihm an. Ich habe keine Macht über dieses Kind. Der Junge ist ein bemerkenswertes Kind, und ich werde ihm die Haut vom Leibe reißen.»
Einen Augenblick blieb er still stehen und leckte sich die Lippen. Dann brüllte er:
«Sucht weiter!»
Und sie nahmen ihre Jagd wieder auf, drehten und wälzten alles um, traten alles beiseite, was lose herumlag, lärmten und dröhnten.
Ich versuchte mich so klein wie möglich zu machen und mich in die Rinne zu pressen, wo das Eisen sonst herausfloß. Die heißen Backsteine verbrannten mir den

Rücken, aber ich konnte an nichts anderes denken als an die Knechte, die überall umherliefen, und an die großen, kalten, behaarten Hände des Besitzers, die auf mich warteten.
Plötzlich standen die Knechte vor mir und starrten mich an.
Ich schloß die Augen und dachte:
Die Kraft, die Kraft! Die Getretenen werden sich erheben! Was groß und gefährlich erscheint, ist nur schwach und hinfällig!
Und obwohl die Knechte mich sahen, schienen sie mich dennoch nicht zu sehen. Sie standen da und starrten ein Nichts an.
«Was ist?» schrie der Besitzer. «Was gibt's da zu glotzen?»
«Nichts», antworteten die beiden Knechte. «Hier gibt es überhaupt nichts!»
Doch der Riese mit den schwarzen Haaren drängte sich vor und starrte selbst in die Öffnung. Seine Augen waren stechend. Er starrte hinein und sah schließlich das, was die Knechte nicht gesehen hatten.
«Da sitzt er», sagte er lüstern. «Da sitzt der kleine Teufel und trotzt...»
Also war ich doch nicht unsichtbar, sondern hockte in einem Versteck, wo man mich leicht erwischen konnte. Jetzt entdeckten mich die Knechte ebenfalls. Welche Kraft hätte diesem Mann schon widerstehen können?

Ich kroch heraus, und der Riese brüllte:
«Packt ihn, fangt ihn, zerbrecht ihn, zertrampelt ihn!»
Ich wartete. Ich stand still und wartete.
Doch da taten die Knechte etwas, was ich nicht verstand. Sie machten einen tolpatschigen Versuch, mich zu fangen, prallten aber statt dessen heftig aneinander.
«Fang ihn!» rief der eine. «Er flieht!»
«Er läuft zur Tür und flieht!» rief der andere.
Dabei hatte ich mich noch nicht von der Stelle bewegt.
Die Knechte taumelten schwer nach hinten und zogen im Fallen den Gießereibesitzer mit zu Boden.
Und da lief ich los.
Die Knechte schlangen ihre Arme und Beine um die Gliedmaßen des Riesen und schrien beide:
«Jetzt rennt er hinauf auf den Berg und in den Wald. Den finden wir nie mehr!»

Wie eine kleine Maus flitzte ich in die Dunkelheit hinaus, über vereiste Äcker und verschneite Wiesen. Der Gießereibesitzer stürzte hinter mir her, stampfend, schnaubend und brüllend vor Wut. Die Knechte blieben ein gutes Stück hinter ihm.
Ich lief durch einen Wald aus jungen Eichen. Der Wind fuhr raschelnd durch das alte, trockene Laub.
Ich rannte so sehr, daß meine Beine unter mir gefühllos und schwer wurden. Mein Herz hämmerte so wild, daß

meine Brust zu schmerzen begann. Mein Atem klang wie ein Schnauben. Meine Lungen bekamen einfach nicht genügend Luft. Ich rannte, wie ich noch nie zuvor gerannt war.
Er kam immer näher und näher, und ich sah, wie er wild in der Luft nach mir hieb.
Jetzt würde ich bald bei Vaters Bootssteg anlangen. Ich überquerte die Straße und lief den Hügel hinauf, um den Weg zum Meer abzukürzen. Hier auf dem Hügel hatte ich damals nach Schwert, Mantel und Stiefeln gesucht. Dann schlug ich den Weg über eine Weide ein, wo die Wacholderbüsche aufrecht wie stachlige Posten Wache standen.
Plötzlich fühlte ich die riesige Pranke des Gießereimeisters in meinem Nacken. Aber ich wich ihm aus und schlüpfte hinter einen kleinen Wacholderbusch. Der Riese verlor das Gleichgewicht und fiel mit rasendem Gebrüll in den stachligen Strauch.
Weiter den Berg hinauf, stolpernd über Steine und Felsbrocken. Ich fiel und schlug mir Arme und Hände auf, war jedoch rasch wieder auf den Beinen und raste weiter.
Aber wohin?
An der windgeschützten Seite des Berges war der Schnee tiefer, hier mußte ich vorwärts stapfen. Mein Verfolger kam wieder näher. Ich konnte schon den Gestank nach altem Pfeifenrauch aus seinem Mund rie-

chen, und ich hörte jedes Wort, das er vor sich hinzischte:
«Ich werde dir die Haut abziehen!»
Ich fuhr herum und rannte in die andere Richtung, aber entkommen würde ich ihm doch nie...
In diesem Augenblick fiel ich.
Ich fiel in ein Loch, in eine Felsspalte.
Ich fiel und fiel in eine schmale Felsritze, die immer enger wurde. Und tief unten blieb ich mit seitlich eingeklemmten Armen stecken, so daß ich mich nicht im mindesten bewegen konnte. Meine Haut war aufgeschürft, ich hatte überall Beulen und Schrammen.
«Ich sterbe!» sagte ich leise. «Ach, lieber Gott!»
Ich wollte sterben. Ich wollte endlich sterben.
Bestimmt hätte mich der Gießereimeister retten können. Bestimmt hätte er ein langes Seil herablassen und mich daran hinaufziehen können.
Doch lieber wollte ich sterben.
Mir schwanden die Sinne und ich verlor das Bewußtsein.

In einem Traum kam Vater zur mir. Ich war ein kleines Kind, froh und vergnügt. Vater legte seine Hand auf meine Schulter und sagte:
«Du mein bemerkenswertes Kind! Dereinst wird das Schloß von dir fertiggebaut werden. Alle Schlösser werden von Kindern fertiggebaut. Die größten Dinge, die

getan werden müssen, werden dereinst von Kindern getan werden. Alle sind sie noch klein, manche noch ungeboren, doch gleichwohl sind es die Kinder, die es vollbringen werden.»

Ich wachte wieder auf.

«Jetzt muß ich sterben», sagte ich. «Vater, ich habe solche Angst.»

Der Fels war rauh und kalt. Ich lag ganz still da und hörte alle Geräusche von oben. Sie hallten in den engen Spalt herab. Ich hörte, wie die Männer dort oben umherrannten und suchten. Das dürre Laub der Eichen raschelte. Aber sonst war der Wald tot.

«Ich muß sterben und habe solche Angst, Vater!» wiederholte ich, und dann schlief ich erneut ein.

Im Schlaf kam Vater noch einmal zu mir.

Er rief voller Verzweiflung:

«Mein Kind, mein Kind, wie soll ich ohne dich leben können?»

«Vater, was soll ich tun? Bald bin ich tot, dann liegen meine kläglichen kleinen Knochen auf der Erde. Ich habe solche Angst...»

«Die Kraft!» antwortete Vater.

Dies sagte er ganz leise, nur diese zwei Wörter:

«Die Kraft!»

Ich bewegte meine Finger ein wenig. Und der ganze Berg krachte und glitt zur Seite.

Mit meinem einen kleinen Finger konnte ich den ganzen

Berg bewegen. Als säßen die Berge nicht fester auf der Erde als Federn, die in der Luft umherschweben.
Ein weiteres Mal bewegte ich meinen Finger. Darauf begann der Fels zu ächzen und zu wimmern, und dann glitt er so leicht auseinander, als hätte ich mit dem Finger einen Grashalm beiseite geschoben.
Da preßte ich meine Hand an die rauhe Seite des Berges.
Mit einem Donnern und Dröhnen wie aus der Unterwelt wich der ganze Berg.
Die steile Spalte legte sich wie ein ebener Boden unter meine Füße.
Felsbrocken stoben wie Staub durch die Luft, und tausendjährige Eichen zersplitterten wie dünne Zweige.
Ich stand auf und sah, daß ich unversehrt war, nicht eine einzige Schramme auf meiner Haut und nicht eine einzige Beule an meinem Kopf.
Und vor mir standen jetzt meine Stiefel, die ich verloren hatte, und ich steckte meine Füße hinein.
Deneben lag der Mantel, schwarz wie die Nacht mit leuchtend rotem Futter. Als ich ihn anzog, blitzten die silbernen Knöpfe auf.
Und da lag auch das Schwert, funkelnd blank und scharf. Die Figuren aus Silberdraht auf der Scheide leuchteten mir entgegen. Der Ritter lächelte siegesgewiß, und der Drache duckte sich unter dem gezückten Schwert des Ritters.

Ich stand auf und begann aufs Meer zuzugehen.
Ich ging durch den Wald zum Meer hinunter. Doch der Wald war jetzt wie verwandelt. Obwohl noch Winter war, begann der Wald zu leben.
Die Knospen an den Bäumen schwollen und brachen auf, das trockene Laub wurde vom Wind davongewirbelt. Das Birkenlaub schlug aus, klein, gekräuselt und klebrig.
Das Gras sproß durch die dünne Schneedecke. Überall schauten kleine grüne Büschel hervor.
Rings um meinen Kopf summte ein Mückenschwarm.
Die Ameisen wurden wach und begannen verschlafen Halme und Tannennadeln zu schleppen.
Mäuse und Maulwürfe wachten auf und raschelten unter der Laubdecke. Der Bach rauschte und schäumte, und die Frösche wurden munter und begannen zu quaken.
Junge Eichhörnchen jagten sich um einen Stamm, schnatterten verspielt und krallten sich an der Rinde fest.
Vogeljunge piepsten, und aus jedem Strauch erscholl ein freudiges Singen und Zwitschern.
Und ich ging aufs Meer zu. Als ich zurückblickte, sah ich auf dem übriggebliebenen Teil des Berges den grausamen Mann und seine beiden Knechte. Die Knechte standen aufrecht da, und ich sah, daß sie glücklich lächelten. Doch der Fettwanst, der Gießereimeister,

war zitternd vor Angst zu Boden gesunken. Bebend und weinend murmelte er Gebete:

«Vergib uns unsere Schuld! Erlöse uns von dem Bösen!»

Ich legte die Hand an den Schwertgriff, zog mein Schwert aber nicht. Das war nicht nötig. Ein Schwert verleiht im Grunde keine Kraft.

Jetzt sah ich ihn im richtigen Licht, in seiner ganzen Erbärmlichkeit. Er war nicht groß, gefährlich und stark. Er war ein kleiner Mann, ein erbärmlicher und schwacher Mensch.

Ich ging auf das Meer zu.

# *Zwölftes Kapitel*

Ich ließ den Gießereimeister, diese armselige Gestalt, hinter mir.
Alles ließ ich hinter mir.
Ich schlug den nächsten Weg ein, der zur Bucht hinunterführte. Die Bucht war noch mit schwarzem, unebenem Eis bedeckt.
Dann ging ich zum Schloß hinauf.
Das Gehen fiel mir ganz leicht.
Felsbrocken rollten beiseite.
Bäume verneigten sich.
Der Weg wurde mir gebahnt.

Vor den beiden Holzlöwen blieb ich stehen. Die ohrenlosen Kreaturen begriffen überhaupt nichts. Sie starrten dumm vor sich hin, als ob nichts geschehen wäre.
«Lebt wohl, ihr Löwen», sagte ich sanft.
Kurz überlegte ich, ob ich hinaufgehen und Vaters Truhe mit all meinen Schätzen holen sollte, ließ es dann aber bleiben. Wenn man sich auf eine Reise begibt, sollte man keine Schätze mitnehmen. Die muß man selbst finden und nach Hause bringen.
Von der Katze sah ich keine Spur. Der letzte Schnee vor dem Haus lag rein und unberührt da. Aber Katzen sind nicht wie Menschen. Sie sind nicht gebunden. Katzen gehen einfach zu einer anderen Person, der sie um die Beine streichen können und von der sie sich ein Schüsselchen mit Milch erhoffen.
Ich schlug den Weg ein, der zum Steg führte. Der Schnee begann zu tauen, im Graben gluckste es schon schwach. Die Eiszapfen am Bootsschuppen tropften und schmolzen weg.
Vor mir erstreckte sich das Meer, ruhig und eben. Das Eis war verschwunden. Ich stellte mich ganz außen auf den Steg und rief, so laut ich konnte, übers Meer:
«Vater, Vater! Komm und hole mich!»
Und obwohl ich nur ein kleines Kind war, das nicht besonders laut rufen konnte, hallte meine feste Stimme doch übers Wasser und wurde von den Inseln weit draußen zurückgeworfen.

«Vater, Vater! Komm und hole mich!»
Danach wandte ich mich landeinwärts. Ich rief über die Hügel und Berge hinweg zur Stadt hinüber:
«Mutter, Mutter! Komm zu uns!»
Meine Stimme war so stark, daß die Bäume in der Nähe sich beugten und das letzte dürre Laub davonwirbelte.
Ich hatte keine Angst, ich fror nicht und hatte keinen Hunger. Und ich wußte, daß Vater und Mutter kommen würden.
Ich setzte mich auf die alte graue Bank auf dem Steg und wartete. Es dauerte nicht lange, bis ich die roten Segel am Horizont sah. Und schon bald war das schwarze Boot in der Nähe des Ufers. Vater saß am Ruder und winkte mir. Er wendete das Boot und legte an.
Ich sagte:
«Warum hast du nicht auf mich gewartet, als du aus dem Gefängnis geflohen bist?»
Vater antwortete:
«Mit Zöllnern, Polizeihauptleuten, Polizeidienern und Küstern auf den Fersen konnte ich doch nicht warten. Da konnte ich doch nicht in aller Ruhe auf dem Steg sitzen und warten!»
«Wie bist du herausgekommen, Vater?»
«Wenn du wüßtest, wie sehr ich mich nach dir und Mutter gesehnt habe», sagte er. «Wenn du ahntest, wie sehr ich dich brauche...»

Ich begann zu weinen.
«Wo ist Mutter?»
«Sie kommt», sagte Vater. «Hast du geglaubt, daß ich nicht zurückkommen würde?»
«Ja», schluchzte ich.
«Aber ich habe dir doch die Märchen erzählt, mein Kind. Ich habe dir doch von dem Mann erzählt, der einen Berg sprengte und ein Meer austrank, um sein verlorenes Kind zu finden. Glaubst du nicht an dieses Märchen?»
«Jetzt glaube ich daran», antwortete ich.
«Und ich habe dir von dem Kind erzählt, das einen ganzen Winter durchwanderte, um seinen Vater zu finden. Glaubst du nicht an dieses Märchen?»
«Jetzt tue ich es», antwortete ich.
Ich weinte und weinte.
«Man kann aber nicht einfach an Märchen glauben, bloß weil sie einem erzählt werden», sagte ich nach einer Weile. «Ich habe solche Angst gehabt, Vater.»
Vater legte seinen Arm um mich.
«Kein Wunder, daß man Angst hat, wenn man große, ungewöhnliche Dinge vollbringen muß.»
Jetzt kam Mutter durch den Wald, und ich fiel ihr in die Arme.
Vater steuerte weg vom Steg. Unser unfertiges Schloß entfernte sich immer mehr. Ich winkte den Löwen zu.

Mutter und ich setzten uns ins überdachte Heck, ich war in ihren warmen Armen geborgen, in Tigermutters Armen.
Endlich war ich daheim.
Wir fuhren zwischen den äußersten Inseln hindurch, aufs offene Meer hinaus. Dort blies ein starker Wind. Jetzt war nur noch der schwarze Wimpel auf dem Schloß zu sehen – wie ein kleiner Punkt. Das Boot glitt rasch hinaus aufs Meer.
Hinaus zu allen Häfen der Welt.
Das Meer ist eine Brücke. Hier beginnt alles...
«Wohin fährt *Tiger*?» fragte ich.
Mutter hielt mich in ihren Armen.
«Wohin fährt *Fahrender Wind*?» fragte ich.
Mutter und Vater lächelten nur.

Hier werde ich meine Erzählung beenden.
Viele Jahre sind vergangen, und jetzt bin ich wieder zurückgekehrt.
Seither hat sich hier vieles verändert.
Die Leuchttürme auf den Inseln sind höher geworden und die Schiffe, die mit Kohle und Eisen aus fernen Ländern kommen, größer.
Der Rauch aus der Gießerei ist dick und schwarz. Das Dröhnen ist bis hierher auf der äußersten Landzunge zu hören.
Und im Nebel lassen die Schiffe ihr dumpfes Tuten ver-

nehmen, wenn sie schwer beladen erneut zu den fremden Ländern hinaussteuern.

Auch die Dörfer haben sich verändert.

Hier in meinem Heimatdorf wohnen nicht mehr viele Menschen, nur ein paar alte Leute mit gichtigen Beinen, gekrümmten Rücken und knarrenden, jammernden Stimmen.

Wenn man sich das ganze Leben lang duckt, wird der Rücken krumm, und alles wird einem genommen. Wenn man sich nicht zu erheben wagt, wird alles nur zu Dreck.

Im zweiten Dorf ist die Gießerei noch größer als früher und der Schnee noch schwärzer. Die zahlreichen Häuser sind klein und grau.

Die Menschen sind müde. Die dort arbeiten, haben so vieles vergessen. Sie beginnen allmählich zu glauben, daß das Leben so sein muß! Und sie glauben, daß sie für das Geld, das sie verdienen, alles kaufen können. Geld! Geld! Wollen sie etwa ihr Leben für Geld verkaufen?

Und die Gießerei ist riesig und mächtig. Die Schornsteine, die ihren schwarzen Rauch ausspeien, sind höher als die Türme des Doms.

Gießereibesitzer und Fabrikanten sind noch nie so mächtig gewesen wie jetzt. Aber hier draußen auf der äußersten Landzunge kann man noch wohnen.

Hier steht das Schloß unfertig und wartet. Der zer-

fetzte Wimpel muß eingeholt und ein neuer gehißt werden. Hoch, hoch hinauf.
Ich werde das Schloß fertigbauen. Ich werde es selbst bauen, stark wie ich bin.
Es heißt, ich sei der stärkste Mann der Gegend, es heißt, ich könne eine Kuh hochheben. Aber wer Berge bewegt hat, wird sich wohl kaum dafür interessieren, eine Kuh hochzuheben...
Obwohl, wenn ich ein Kind bekomme, werde ich es vielleicht tun.
Jetzt wird das Schloß fertiggebaut!
Auf den Grundmauern kann man weiterbauen. Steine verfaulen nicht, und Eichenholz bleibt viele Geschlechter lang frisch.
Jetzt wird das Schloß fertiggebaut!
Stark genug bin ich. Und sollte ich es nicht schaffen, wird mein Kind weiterbauen.

Noch sieht Timo den Ferien in einem kleinen Moordorf eher gelangweilt entgegen. Er kennt die rothaarige Lydia und Tante Mimi kaum. Bei der Tante, in der behaglichen Küche, fühlt sich Timo schnell heimisch, obwohl hinter dem Herd ein Geist wohnen soll . . . Aber warum ist Lydia so feindselig? Warum stellt sie ihn draußen im Moor auf eine gefährliche Probe? Band 429

Der Hansi wohnt auf einem richtigen Bauernhof mit vielen Tieren. Und da passiert schon so einiges. Mal fährt er mit dem Bulldog zum Grasschneiden, und danach ist seine Lieblingskatze verschwunden. Oder er erlebt, wie ein Kalb zur Welt kommt. Doch auf dem Dorf gibt's nicht nur gute Luft – da stinkt auch mal was . . . Band 332

Wer liebt ihn nicht, Charlie Chaplin, den Clown. Viele Kinder kennen seine Filme, sehen sie mit ebensoviel Begeisterung wie schon ihre Eltern. Margret Steenfatt erzählt, wie aus dem Londoner Straßenjungen Charlie, der sich mit Mutter und Bruder mühsam durchschlug und schon mit fünf Jahren zum erstenmal auf der Bühne stand, der große Künstler Charlie Chaplin wurde. Band 351

Tinas Eltern haben einen kleinen Jungen aus Südamerika geholt. Wie geht man mit einem neuen Bruder um, der noch kein Wort Deutsch versteht? Tina ahnt, daß sich jetzt zu Hause manches ändern wird. Die Sache mit dem Bastelzimmer ist nur der Anfang . . . Band 338

Oma ist immer für jeden da, der ihre Hilfe braucht. Oma hat nie schlechte Laune, ist immer freundlich, sagt nie ein böses Wort. Bisher ist sie auch immer mit in die Ferien gefahren, aber dieses Jahr wollen die Eltern mit Julia und Hannes nach Griechenland ans Meer, ohne Oma. Vom Meer hat Oma immer heimlich geträumt, aber so eine weite Reise ist natürlich nichts für eine alte Frau. Oder doch? Band 447

Der Donnerstag ist an allem schuld! Das meint jedenfalls Uli, der sich jede Woche vor der Sportstunde fürchtet. Auch für Anja, Frauke und Felix bringt der Donnerstag nur Ärger. Wäre es da nicht am besten, diesen schwarzen Tag aus dem Kalender zu streichen? Und sie wissen auch schon, wie man das anfängt. . . Doch alles kommt ganz anders. . . Band 479

Annabella weiß sich durchzusetzen, auch ohne Ellenbogen. Sie läßt sich ihre Träume und Phantasien nicht einfach ausreden – mögen auch alle sagen: Annabella spinnt! Doch allmählich lernt sie, ohne den Großen Zauberer zu leben, der sie so lange begleitet hat. Sie kann jetzt selbst etwas tun – zum Beispiel, sich endlich mit Tilo aussprechen und ihren Streit beenden. Nein, Annabella spinnt doch nicht! Band 520